Ausführliches Verzeichnis der

Guttentag'schen Sammlung

## Deutscher Reichs- und Preußischer Gesetze

**Text-Ausgaben mit Anmerkungen — Taschenformat**

welches alle wichtigeren Gesetze in absolut zuverlässigen Gesetzestexten und in mustergültiger Weise erläutert enthält, befindet sich hinter dem Sachregister.

Guttentag'sche Sammlung
Nr. 5a. Deutscher Reichsgesetze. Nr. 5a.
Text-Ausgaben mit Anmerkungen.

Das Reichsgesetz betreffend die

# Wechselstempelsteuer

nebst den Ausführungsbestimmungen
des Bundesraths und den Entscheidungen der höchsten
Gerichte und Verwaltungsbehörden.

Text-Ausgabe mit Anmerkungen, einem chronologischen und
einem Sach-Register.

Von

**P. Loeck,**

Regierungsrath, Mitglied der Provinzial-Steuer-Direktion und
Vorstand des Stempelsteueramts in Berlin.

**Siebente vermehrte und umgearbeitete Auflage.**

Berlin 1902.
J. Guttentag, Verlagsbuchhandlung,
G. m. b. H.

# Inhaltsverzeichniß.

# Abkürzungen.

Abl. der N.P.-V. = Amtsblatt der Norddeutschen Postverwaltung.
AGO. = Allg. Gerichtsordnung.
ALR. = Allg. Landrecht.
Anh. = Anhang.
Anm. = Anmerkung.
Bekanntm. = Bekanntmachung.
Bd. = Band.
BGBl. = Bundes-Gesetzblatt.
Beschl. = Beschluß.
BGB. = Bürgerliches Gesetzbuch.
CB. = Central-Blatt der Abgaben-, Gewerbe- und Handels-Gesetzgebung und Verwaltung.
Cirk.-Verf. = Cirkular-Verfügung.
DRA. = Deutscher Reichs- und Preuß. Staats-Anzeiger.
D. Str. Pr. O. = Deutsche Strafprozeßordnung.
Entsch. B. = Entscheidungen des Ober-Tribunals Band 2c., des Reichsgerichts Band 2c. in Civilsachen, in Strafsachen.
Erk. des OT. = Erkenntniß des Ober-Tribunals.
Erk. des RGer. = Erkenntniß des Reichsgerichts.
FM. = Finanz-Ministerium — FMR. = Reskript desselben — FME. = Erlaß desselben.
GA. Bd. = Goltdammer, Archiv für Strafrecht Band 2c.
Gbl. f. Elsaß-Lothr. = Gesetzblatt für Elsaß-Lothringen.

GS. = Gesetz-Sammlung.

JM. = Justiz-Minister — JMBl. = Justiz-Min.-Blatt — JMR. = Justiz-Min.-Reskript — JME. = Justiz-Min.-Erlaß.

Kab.-O. = Kabinets-Ordre.

MBl. = Ministerial-Blatt für die gesammte innere Verwaltung.

M. d. J. = Minister des Innern.

OR. Bd. = Oppenhoff, Rechtsprechung des Ober-Tribunals Band 2c.

OT. = Ober-Tribunal.

OTE. = Ober-Tribunals-Erkenntniß.

PStD., auch Prov.-St.-Dir. = Provinzial-Steuer-Direktor.

R. = Reskript.

RCBl. = Centralblatt für das Deutsche Reich.

Reg. in F. = Reg. in Frankfurt a. d. O.

RGBl. = Reichs-Gesetzblatt.

RGE. = Reichsgerichts-Erkenntniß.

RK. = Reichskanzler.

Str. A. = Striethorst, Archiv für Rechtsfälle, Band 2c.

W.O. = Allgemeine deutsche Wechselordnung.

W.St.St.G. = Wechselstempelsteuergesetz.

## Gesetz, betreffend die

# Wechselstempelsteuer im Norddeutschen Bunde

[jetzt im Deutschen Reich, s. die Note*) unten] v. 10. Juni 1869 (BGBl. S. 193) unter Berücksichtigung der durch das Reichsgesetz vom 4. Juni 1879 getroffenen Abänderungen, nebst den Ausführungs-Bestimmungen des Bundesraths vom 8. März 1901 — RCBl. S. 69 — und Entscheidungen der Verwaltungsbehörden und Gerichte.

Wir **Wilhelm** ꝛc. verordnen im Namen des Norddeutschen Bundes, nach erfolgter Zustimmung des Bundesrathes und des Reichstages, was folgt:

§. **1.** Gezogene und eigene Wechsel unterliegen im Gebiete des Norddeutschen Bundes, mit Ausschluß der Hohenzollernschen Lande*) einer nach Vor-

*) Obiges Gesetz gilt jetzt im ganzen Deutschen Reich und zwar: a) im Gebiet des (vormaligen) Norddeutschen Bundes, mit Ausschluß der Hohenzollernschen Lande, seit dem 1. Januar 1870; b) in den Hohenzollernschen Landen seit dem 1. Januar 1871 (BGBl. 1870 S. 649 vorletzter Abs. u. S. 651 Abs. 1); c) seit dem 1. Januar 1871 im Großherzog-

schrift dieses Gesetzes zu erhebenden, zur Bundeskasse fließenden Abgabe.

Von der Stempelabgabe befreit bleiben:

1) die vom Auslande auf das Ausland gezogenen, nur im Auslande zahlbaren Wechsel;*)
2) die vom Inlande auf das Ausland gezogenen, nur im Auslande und zwar auf Sicht**) oder spätestens innerhalb zehn Tagen nach dem Tage der Ausstellung zahlbaren Wechsel, sofern sie vom Aussteller direkt in das Ausland remittirt werden.***)

1. Für die Stempelpflichtigkeit eines Wechsels entscheidet nur der Inhalt der Schrift, ohne Rücksicht darauf, ob das Wechselgeschäft zur Ausführung gelangen

---

thum Baden (BGBl. 1870 S. 647 Art. 80 I 16 u. S. 651 Abs. 1), in dem übrigen, südlich vom Main belegenen Theile des Großherzogthums Hessen (s. ebendaselbst) und im Königreich Württemberg (BGBl. 1870 S. 654, 657 Nr. 1. a); d) seit dem 1. Juli 1871 im Königreich Bayern (BGBl. 1871 S. 87 §§. 1, 4); e) seit dem 15. August 1871 in Elsaß-Lothringen (Ges. v. 14. Juli 1871 Art. 1 — Gbl. f. Elsaß-Lothr. S. 175).

Das Gesetz ist durch Art. 80 Nr. I 16 der Verfassung des Deutschen Bundes (BGBl. 1870 S. 627) zum Gesetze des Deutschen Bundes und durch § 2 des Ges. v. 16. April 1871 (BGBl. 1871 S. 63) zum Reichsgesetze erklärt. — Vgl. auch Anh. Anm. 1 Ziff. 2.

*) Vgl. Anh. Anm. 1 Ziff. 3.

**) Vgl. Anh. Anm. 1 Ziff. 4 litt. a.

***) Vgl. Anh. Anm. 1 Ziff. 4 litt. b

kann oder nicht. Darum ist auch derjenige Wechsel stempelpflichtig, welcher von einem unter väterlicher Gewalt stehenden Aussteller herrührt, ohne daß dieser Umstand aus dem Wechsel selbst erhellt. Erk. des OT. 13. Mai 1859. JMBl. S. 236. CB. S. 154.

2. Eine Wechselunterschrift, die von dem zur Eingehung von Wechselverpflichtungen allgemein Bevollmächtigten unmittelbar und ausschließlich mit dem Namen des Machtgebers vollzogen worden ist, ist gültig. RGE. 14. Januar 1893. Bes. Beil. zum Reichs- und Staatsanz. S. 191.

3. Ein postdatirter Datowechsel wird erst mit dem Eintritt des Tages stempelpflichtig, von welchem er datirt ist. Erk. des OT. 27. Mai 1865, OR. Bd. 6 S. 155: es handelte sich um einen gezogenen, bereits acceptirten und indossirten, vom 12. September 1864 datirten Datowechsel, (von da ab in 3 Monaten zahlbar), welcher schon am 8. dess. M. vom Indossatar zur Abstempelung präsentirt, von dem betreffenden Steuerbeamten jedoch nach protokollarischer Konstatirung des Sachverhältnisses zurückgegeben und demnächst am 10. dess. M. vernichtet wurde. In den Erk.-Gründen heißt es, daß die WO. im Art. 4, abweichend von früheren Auffassungen, die Angabe des Datums zum wesentlichen Erforderniß eines Wechsels mache, und daß ein postdatirter Wechsel jedenfalls erst mit dem Tage rechtliche Wirkung erlange, von welchem er datirt sei.

4. Die Steuerpflichtigkeit nach § 5 des W.St.St.G. ist an die Unterzeichnung einer Wechselerklärung geknüpft, d. h. einer schriftlichen Erklärung, durch welche eine wechselmäßige Verbindlichkeit übernommen wird. Eine solche liegt nicht vor, wenn auf die Rückseite eines das Verbot der Indossirung enthaltenden eigenen Wechsels ein bloßer Namenszug, um damit Bürgschaft für den Aussteller zu übernehmen,

gesetzt wird. RGE. 13. Oktober 1890. Entsch. in Straff. Bd. 21 S. 97.

5. Ein auf eigene Ordre ausgestellter trockener Wechsel begründet kein Wechselrecht 2c. Erk. des OT. 9. Dezember 1858, JMBl. 1859 S. 58.

6. Ein Wechsel, aus welchem unzweifelhaft hervorgeht, daß der Bezogene und der Remittent dieselben Personen sind, ist wegen eines Mangels an den in Art. 4 der WO. aufgestellten wesentlichen Erfordernissen des Wechsels ungültig. RGE. 28. Mai 1887, Entsch. in Civilf. Bd. 19 S. 93.

7. Ein ungültiger und der Wechselstempelsteuer daher nicht unterworfener Wechsel liegt auch dann vor, wenn z. B. die Angabe des Remittenten, also ein wesentliches Erforderniß eines Wechsels, fehlt. FME. v. 25. Januar 1894 III 423, ebenso dann, wenn der Wechsel auf mehrere Personen gezogen ist. RGE. 3. Febr. 1899. Beil. zum Reichsanz. S. 163, ferner wenn das Wort „Wechsel" nicht im Text, sondern bloß als Ueberschrift auf dem Papier steht. RGE. 5. Juni 1901. Berliner Börsenzeitung Nr. 526. Die nicht als Wechsel angesprochene Urkunde ist aber als ein kaufmännischer Verpflichtungsschein im Sinne des § 363 HGB. angesehen ohne Rücksicht darauf, daß eine Zahlstelle angegeben ist und daß die Ausstellung einer solchen Urkunde beabsichtigt war. (§ 140 BGB.)

8. Eine als Wechsel bezeichnete Schrift, in deren Eingang Zahlung der Wechselsumme „auf Sicht", an einer anderen Stelle aber Zahlung zur Verfallzeit „ohne vorhergegangene Präsentation" versprochen wird, begründet keine wechselmäßige Verbindlichkeit. RGE. 28. März 1888 — Entsch. in Civilf. Bd. 20 S. 182 —, weil die in dem Wechsel enthaltenen, einander widersprechenden beiden Sätze zur Folge haben, daß der Wechsel der erforderlichen Bestimmtheit der Zahlungszeit entbehrt.

**9.** Ein Wechsel, in welchem vermöge eines Schreibfehlers in der Jahreszahl ein vor dem Datum der Ausstellung liegender Zeitpunkt als Zahlungstag angegeben worden, ist ungültig. Erk. des Reichs-Oberhandelsgcr. 11. Oktbr. 1870. Gruchot, Beiträge rc. Bd. 15 S. 46: in dem Wechsel war der 1. Dezbr. 1869 als Tag der Ausstellung und der 15. März dess. J. als Fälligkeitstermin angegeben.

**10.** Von der Forderung des Stempels zu unvollständig gebliebenen Wechseln ist abzusehen. FMR. v. 15. Febr. 1876 III 1208. — Vgl. die Anm. bei § 16 d. G.

**11.** Die Frage, ob ein im Auslande ausgestelltes Schriftstück ein gültiger Wechsel sei, ist nach den Gesetzen des Auslandes zu beurtheilen. Die inländischen Operationen mit einem ausländischen Wechsel unterliegen der Beurtheilung nach den inländischen Gesetzen. Art. 85 der WO. Erk. des OT. 17. Juli 1858. Str. A. Bd. 28 S. 361.

Nach amerikanischem Rechte ist zur Gültigkeit einer Promissory-Note als Wechsel die in diese Urkunde aufzunehmende Benennung derselben als Wechsel nicht erforderlich. Eine in Massachusetts ausgestellte Promissory-Note ist, insofern sie den daselbst vorgeschriebenen Erfordernissen entspricht, im Gebiete der Allg. Deutschen Wechselordnung als eigener Wechsel zu behandeln. Erk. des OT. 10. Juli 1860; Str. A. Bd. 37 S. 399.

**12.** Ein ausländischer, auf einen Inländer gezogener Wechsel wird durch die Acceptation des letzteren noch nicht zum inländischen Wechsel; seine Stempelpflichtigkeit kann nur durch den besonders zu führenden Nachweis begründet werden, daß das Accept im Inlande hinzugefügt worden sei. Erk. des OT. 30. Jan. 1861; OR. Bd. 1 S. 231. Vgl. Anm. 3 bei § 7 und Anm. 3 bei § 15 d. G.

Es besteht keine gesetzliche Vermuthung, daß

der inländische Acceptant eines ausländischen auf ihn gezogenen Wechsels denselben in seinem in der Adresse angegegebenen Wohnort acceptirt und hier mit demselben ein Geschäft gemacht habe. Erk. des OT. 25. Okt. 1866; OR. Bd. 7 S. 574.

**13.** Die Befreiungsbestimmung im § 1 Nr. 1 des W.St.St.G. ist nicht nur auf gezogene Wechsel im eigentlichen Sinne zu beschränken, sondern umfaßt auch die im Auslande zahlbaren trockenen Wechsel. RGE. 30. Sept. 1884. Entsch. i. Straff. Bd. 11 S. 109. Hiernach ist im FME. 15. Juli 1895 III 10439 bestimmt, daß auch die im Auslande ausgestellten nur im Auslande zahlbaren trockenen Wechsel von der Wechselstempelsteuer befreit sind.

**14.** Unter „Inland" ist nunmehr das ganze Geltungsgebiet des Gesetzes zu verstehen. Im Gegensatze hierzu sind alle Orte außerhalb des nunmehrigen Geltungsgebiets als „Ausland" anzusehen. Es ist mithin fortan z. B. auch ein aus Stuttgart, Karlsruhe oder Darmstadt auf Hamburg, Leipzig oder Bremen gezogener Wechsel im ganzen Geltungsbereich des Gesetzes als ein inländischer zu behandeln und die etwa hinsichtlich desselben entdeckte Wechselstempel-Hinterziehung eintretenden Falles von den dazu berufenen Preußischen Behörden ebenso zu verfolgen, als wenn dieselbe bei einem Wechsel vorgekommen wäre, der von einem preußischen Orte auf einen preußischen Ort gezogen ist. FMR. 17. Januar 1871, CB. S. 323.

**15.** Gegenüber der bestimmten Fassung der Nr. 2 des § 1 W.St.St.G. würde es unzulässig sein, auch solchen Wechseln die Befreiung von der Stempelabgabe zuzugestehen, welche nicht vom Aussteller direkt in das Ausland remittirt werden, welche vielmehr im Inlande erst durch die Hände eines Käufers, oder vielleicht noch mehrerer, gehen. FME. 9. Mai 1877 III 5361.

§. 2.*) Die Stempelabgabe beträgt:

von einer Summe

| | | | | |
|---|---|---|---|---|
| von 200 | Mark und weniger | | 0,10 | Mark, |
| über 200 | „ bis | 400 Mark | 0,20 | „ |
| „ 400 | „ „ | 600 „ | 0,30 | „ |
| „ 600 | „ „ | 800 „ | 0,40 | „ |
| „ 800 | „ „ | 1000 „ | 0,50 | „ |

und von jedem ferneren 1000 Mark der Summe 0,50 Mark mehr, dergestalt, daß jedes angefangene Tausend für voll gerechnet wird.

§. 3.*) Die zum Zwecke der Berechnung der Abgabe vorzunehmende Umrechnung der in einer anderen als der Reichswährung ausgedrückten Summen erfolgt, soweit der Bundesrath nicht für gewisse Währungen allgemein zum Grunde zu legende Mittelwerthe festsetzt und bekannt macht, nach Maßgabe des laufenden Kurses.

**Ausf.-B. zu §. 3 des Gesetzes.**

Umrechnung fremder Währungen.

1. Behufs Umrechnung der in einer anderen als der Reichswährung ausgedrückten Summen sind für die nachstehenden Währungen die dabei bemerkten Mittelwerthe allgemein zu Grunde zu legen:

| | | | |
|---|---|---|---|
| 1 Pfund Sterling . . . . . . | = | 20,40 | Mk., |
| 1 Frank, Lira, Peseta (Gold), Lëu, finnische Mark . . . . . . . | = | 0,80 | „ |
| 1 österreichischer Gulden (Gold) | = | 2,00 | „ |

*) Vgl. Anh. Anm. 1 Ziff 6.

| | | | |
|---|---|---|---|
| 1 österreichischer Gulden (Währung) | = | 1,70 | Mk. |
| 1 österreichisch-ungarische Krone | = | 0,85 | „ |
| 1 Gulden holländischer Währung | = | 1,70 | „ |
| 1 skandinavische Krone . . . | = | 1,125 | „ |
| 1 alter Goldrubel . . . . . . . | = | 3,20 | „ |
| 1 Rubel<br>1 alter Kreditrubel . . . . . | = | 2,16 | „ |
| 1 türkischer Piaster . . . . . | = | 0,18 | „ |
| 1 Peso (Gold) . . . . . . . . | = | 4,00 | „ |
| 1 Dollar . . . . . . . . . . | = | 4,20 | „ |
| 1 alter japanischer Goldyen . . | = | 4,20 | „ |
| 1 japanischer Yen . . . . . . . | = | 2,10 | „ |
| 1 deutsch - ostafrikanische oder indische Rupie . . . . . . . | = | 1,35 | „ |

1. Diejenigen ausländischen Währungen, für welche der Bundesrath einen Mittelwerth nicht festgesetzt hat, sind zum Börsenkurse in die inländische Währung umzurechnen. FME. 9. Febr. 1882 III 1490, CB. S. 48.

§. 4. Für die Entrichtung der Abgabe sind der Bundeskasse sämmtliche Personen, welche an dem Umlaufe des Wechsels im Bundesgebiete Theil genommen haben, solidarisch verhaftet.

§. 5. Als Theilnehmer an dem Umlaufe eines Wechsels wird hinsichtlich der Steuerpflichtigkeit angesehen: der Aussteller, jeder Unterzeichner oder Mitunterzeichner eines Acceptes, eines Indossaments oder einer anderen Wechselerklärung, und Jeder, der für eigene oder fremde Rechnung den Wechsel erwirbt, veräußert, verpfändet oder als Sicherheit annimmt, zur Zahlung präsentirt, Zahlung darauf empfängt oder leistet oder Mangels Zahlung Protest erheben läßt, ohne Unterschied, ob der Name oder die Firma auf den Wechsel gesetzt wird oder nicht.

**1.** Sobald der Acceptant dem Aussteller den gezogenen Wechsel zurückgegeben hat, befindet sich derselbe im „Umlaufe" im Sinne des W.St.St.G. §§ 4, 5, auch wenn der Wechsel noch mit keinem Indossament versehen war, und der Aussteller verwirkt die Stempelstrafe, wenn er den Wechsel einklagt und zu diesem Ende ungestempelt dem Gericht einreicht. Erk. des OT. 17. Januar 1872; OR. Bd. 13 S. 50. — Vgl. Anm. 4 zu § 6, Anm. 1 zu § 7 und Anm. 2 zu § 11 d. G.

**2.** Wer als Wechselbürge am Umlauf des Wechsels vor der Stempelung Theil nimmt, haftet für den Wechselstempel und verfällt in die Stempelstrafe. Erk. des OT. 1. Dez. 1865, JMBl. 1866 S. 20.

**3.** Die im Wege der Exekution erfolgte Beitreibung der Wechselvaluta begründet für den Zahlenden keine Theilnahme am Umlaufe des Wechsels, weil jene Beitreibung nicht als Zahlung auf den Wechsel im Sinne des § 5 des W.St.St.G. aufgefaßt werden könne. Erk. d. OT. 6. Dez. 1876; OR. Bd. 17 S. 794. — Vgl. Anm. 1—3 zu § 11 d. G.

**4.** Durch die Vorlegung eines nicht vorschriftsmäßig versteuerten Wechsels zum Zwecke der Diskontirung bei einem Bankhause wird noch keine Wechselstempelkontravention begangen; zu dem Thatbestande der letzteren ist vielmehr die Aushändigung des Wechsels von Seiten des Inhabers und die Besitzergreifung Seitens des Bankhauses erforderlich. FMR. 20. Dezember 1890. III 14090. — Vgl. Anm. 2 zu § 7 d. G.

**5.** Auch derjenige, welcher für fremde Rechnung „am Umlaufe eines Wechsels Theil nimmt", verwirkt die Strafe der Stempelhinterziehung, wenn er eine bezügliche Handlung vornimmt, ehe die Wechsel versteuert worden. Erk. des OT. 15. Jan. 1873; JMBl. S. 64; der Kämmerer J. hatte als Rendant einer Sparkasse Darlehne gegen Wechsel gegeben, später die letzteren zur Zahlung präsentirt und die Rückzahlung in Empfang genommen, ohne daß die Wechsel versteuert waren; strafbar war er nach § 5 W.St.St.G., weil er, gleichviel ob für eigene oder fremde Rechnung, unversteuerte Wechsel zur Zahlung vorgezeigt, auch weil er Zahlung darauf empfangen hat. Vgl. Anm. 1 zu § 11 und Anm. 5 zu § 16 d. G.

**6.** Bei der Verfolgung des Extrahenten eines Protestes ist der Nachweis, daß derselbe eine rechtliche Beziehung zu dem Wechsel gehabt habe, nicht erforderlich. Erk. des OT. 7. Nov. 1873 GA. Bd. 21 S. 579; in den Erk.-Gründen heißt es u. A.: In den thatsächlichen Feststellungen der Instanzrichter ist der Angeklagte als „Inhaber" des Wechsels bezeichnet, und diese Feststellung in Verbindung mit der weiteren Feststellung, daß Angeklagter die Proteststerhebung nicht lediglich als Bote des D extrahirt habe, genügt zur Anwendung des Strafgesetzes. Nach §. 4 des W.St.St.G. sind für die Entrichtung der Abgabe sämmtliche Personen, welche an dem Umlaufe des Wechsels Theil genommen haben, solidarisch verhaftet, und nach § 5 wird als Theilnehmer an dem Umlaufe eines Wechsels hinsichtlich der Stempelpflichtigkeit u. A. Jeder angesehen, der für eigene oder fremde Rechnung Mangels Zahlung Protest erheben läßt, ohne Unterschied, ob der Name der Firma auf den Wechsel gesetzt wird oder nicht. Hierdurch wird die Behauptung der Nichtigkeitsbeschwerde, daß, gegenüber dem Strafgesetze, irgend eine rechtliche Beziehung der betreffenden Person zu dem Wechsel vorausgesetzt sei, widerlegt. Es genügt vielmehr vollkommen eine rechtliche Beziehung zu der Person des Wechseleigenthümers oder sonstigen Wechselberechtigten. Indem die Instanzrichter eine solche Beziehung als unzweifelhaft annehmen und die Thatsache, daß der Angeklagte den Protest für eigene oder fremde Rechnung habe erheben lassen, bejahen, ohne sich gerade bestimmt für eine oder die andere der beiden Alternativen zu entscheiden, haben sie die Strafanwendung ausreichend begründet. — Vgl. Anm. 4 bei § 7 und Anm. 5 bei § 15 d. G.

7. Der Rechtsanwalt, der auf Grund einer einfachen Protestvollmacht Auftrag giebt, den Wechsel dem Schuldner zur Zahlung vorzulegen und Protest zu erheben, ist nicht als „Theilnehmer" am Umlaufe des Wechsels oder als „Inhaber" desselben im Sinne der §§ 5, 11 des W.St.St.G. anzusehen und unterliegt daher nicht den Strafbestimmungen §§ 4—12 dieses Ges. RGE. 16. April 1885. Entsch. i. Straff. Bd. 12 S. 145.

In den Entscheidungsgründen wird ausgeführt: Als Inhaber des Wechsels im Sinne des Wechselstempelges. erscheine nicht jede Person, welche den Wechsel in ihrem Besitz hat, sondern nur derjenige, der nach § 5 des Ges. als Theilnehmer an dem Umlaufe eines Wechsels anzusehen ist. Der Umstand, daß Jemand einen Wechsel für eigene oder fremde Rechnung zur Zahlung präsentirt oder Mangels Zahlung Protest erheben läßt, könne nach § 5 a. a. O. allerdings genügen, um diese Person als Theilnehmer am Umlaufe des Wechsels erscheinen zu lassen; allein dies sei nur dann der Fall, wenn diese Person, obgleich für fremde Rechnung, doch in eigenem Namen auftritt, bzw. die in § 5 vorgesehenen wechselrechtlichen Handlungen vornimmt 2c. Die Eigenschaft als Inhaber des Wechsels im Sinne der §§ 6, 11 des Ges. komme ihm nur dann zu, wenn er in eigenem Namen eine der im § 5 vorgesehenen wechselrechtlichen Handlungen vornimmt, insbesondere, wenn er nicht durch einfache Vollmacht, sondern durch ein diese enthaltendes Inkassoindossament in den Besitz des Wechsels gelangt ist und in seiner Eigenschaft als Indossatar den Wechsel zur Zahlung vorlegt &c. Vgl. Anm. 5 bei § 11 d. G.

8. Wegen der an einem Wechsel etwa begangenen Steuer-Kontravention kann ein Strafverfahren gegen die den Wechselprotest von Amtswegen veranlassenden Postbeamten nicht eingeleitet werden. Cirk.-R. des FM. 27. Juli 1875 III 10266.

9. Alle Wechsel, vermittelst deren fremde Post- und Telegraphen-Verwaltungen die diesseitigen Guthaben aus den General-Abrechnungen berichtigen, müssen, soweit dieselben nach den Bestimmungen des Stempelgesetzes stempelpflichtig sind, mithin auch solche, bei denen nur der Fiskus an dem Umlaufe betheiligt ist, mit dem gesetzlichen Wechselstempelsteuer-Betrage durch Verwendung der entsprechenden Stempelmarken versteuert werden. Soweit die solchergestalt entrichteten Wechselstempelsteuer-Beträge von den Interessenten nicht eingezogen werden können, sind sie bei den Fonds der Telegraphen-Verwaltung zu verausgaben. Verfügung des Präsidenten des Staatsministeriums v. 5. Dez. 1867 an d. Telegraphen-Direktion in Berlin, mitgetheilt durch FMR. v. 22. dess. M. CB. 1868 S. 89.

**§. 6. Die Entrichtung der Stempelabgabe muß erfolgen, ehe ein inländischer Wechsel von dem Aussteller, ein ausländischer Wechsel von dem ersten inländischen Inhaber (§. 5) aus den Händen gegeben wird.*)**

1. Nur der zeitliche Inhaber des Wechsels kann die erforderliche Stempelmarke wirksam verwenden. Dazu genügt es nicht, wenn der In-

---

*) Vgl. Anh. Anm. 1 Ziff. 7 litt. a.

haber eine von einem Vormann regelrecht aufgeklebte, aber nicht mit dem Kassationsvermerk versehene Stempelmarke seinerseits nachträglich kassirt. Erk. des OT. 25. Juni 1874. OR. Bd. 15 S. 451; Erk.-Gründe: das W.St.St.G. bestimme zwar nicht mit ausdrücklichen Worten, wer zur formgerechten Kassirung der Stempelmarken legitimirt sei, allein indem es im § 6 sage: „die Entrichtung ꝛc." setze es mit der Nothwendigkeit bei seinen Vorschriften über die Verwendung der Marken voraus, daß der Aussteller bezw. Inhaber des Wechsels im Sinne des § 5 es sei, welcher die Marke verwende, wie denn auch die Bekanntmachung des Bundeskanzlers v. 13. Dez. 1869 — jetzt Ausf.Best. 4 ff. bei §§ 13 u. 14 d. G. — davon ausgehe, daß der Inhaber die Marke aufklebe ꝛc. — Vgl. Anm. 12 zu § 14 d. G.

Dem Erfordernisse der Stempelverwendung ist nicht genügt, wenn die Kassirung durch eine andere als die durch das Gesetz zur Zeit dazu verpflichteten Personen bewirkt ist. Erk. des OT. 20. Nov. 1874, OR. Bd. 15 S. 805.

2. Es ist nicht nothwendig, daß die Verwendung der Stempelmarke zu dem zu versteuernden Wechsel durch die Hand des steuerpflichtigen Wechselinhabers selbst vollzogen werden müßte. Wird zwecks Vornahme der zur Markenverwendung erforderlichen Manipulationen ein Wechsel vom Aussteller einem andern zeitweilig anvertraut, so ist das kein „aus den Händen geben" i. S. des §. 6. Mit letzterem Ausdruck hat das Gesetz nur ein solches Aushändigen treffen wollen, welches dazu dient, den Wechsel „in Umlauf zu bringen" oder sonst „Geschäfte damit zu machen", überhaupt also einen wechselrechtlich oder außerwechselrechtlich (§ 5 d. G.) bedeutsamen Akt vorzunehmen. — Vgl. auch Anm. 4 zu § 7 und Anm. 2 bis 5 zu § 11 d. G. Ein Aushändigen in diesem Sinne liegt aber in einem Hingeben

des Wechsels an einen andern, welches nach der beiderseitigen Willensmeinung ausschließlich zu dem Zweck erfolgt, damit der Andere an Stelle des Hingebenden die Verwendung der Stempelmarke ausführe und sodann den gestempelten Wechsel zurückgebe, offensichtlich nicht vor. Daran würde unter der angegebenen Voraussetzung auch nichts geändert erscheinen, wenn der Andere identisch wäre mit dem künftigen Remittenten des Wechsels. Vorliegend war der Andere ein Kassenbeamter des Vereins, dem der Wechsel gegen Empfang eines Darlehns zur Sicherheit übergeben werden sollte. RGE. 7. Okt. 1898. Entsch. in Str.S. Bd. 31 S. 274.

**3.** Der Direktion wird erwidert, daß vom Standpunkte der Steuerverwaltung die Art und Weise, in welcher die Gesellschaft die Versteuerung der Sicherheitswechsel ihrer Aktionäre nach der Versicherung der Direktion bewirkt, für zulässig erachtet werden kann. Es läßt sich anerkennen, daß dem Remittenten (hier der Gesellschaft) das Recht zusteht, den gesetzlichen Stempel schon zu den vom Aussteller noch nicht unterschriebenen Formularen zu entrichten und zu diesem Behufe die von ihm — dem Remittenten — aufgeklebten Marken mit seinem eigenen Namen, oder unter seiner eigenen Firma, im Voraus vorschriftsmäßig zu kassiren. Dagegen ist aber nicht außer Acht zu lassen, daß aus der Gleichheit der Daten des Kassationsvermerks in den Marken einerseits und der Ausstellung, beziehungsweise der Unterschrift des Wechselausstellers andererseits, für den letzteren insofern leicht Weiterungen entstehen können, als nicht mehr erhellt, ob die vom Remittenten mit seinem Namen ꝛc. versehene und kassirte Marke sich bereits vor der Unterschrift des Ausstellers auf dem Formular des Wechsels befunden hat, oder ob der Remittent die Kassation der Marken erst nach der Unterschrift des Ausstellers und weil der letztere seiner eigenen gesetzlichen Verpflichtung nicht nachgekommen war, bewirkt hatte. Die Gerichte werden vielfach die

Ueberzeugung nicht gewinnen, daß die auf den Wechseln befindlichen Marken vor der Unterschrift des Ausstellers aufgeklebt worden, wenn der Kassationsvermerk — was bezüglich der hier am Orte ausgestellten Wechsel die Regel bildet — dasselbe Datum trägt, wie der Wechsel selbst. Es bleibt der Erwägung der Direktion überlassen, ob es angänglich sein mag, den Hergang der Versteuerung in allen Fällen durch die Daten, resp. der Kassation der Marken und der Ausstellung der Wechsel auch äußerlich erkennbar zu machen. FMR. 29. April 1875 III 5846.

**4.** Der Inhaber eines Wechsels, zu welchem nicht in vorschriftsmäßiger Weise die erforderlichen Stempelmarken verwendet sind, verwirkt die Stempelstrafe, wenn er denselben in dem gedachten Zustande bei Gericht einreicht. Erk. des OT. 18. Juni 1873. OR. Bd. 14 S. 443. — Vgl. Anm. 1 und 7 zu § 5, Anm. 1 zu § 7 und Anm. 2 zu § 11 d. G.

**5.** Die Revision des Angeklagten rügt mit Unrecht die Verletzung der §§ 4 bis 7, § 11 und § 15 des W.St.St.G. Nach der thatsächlichen Feststellung des Berufungsrichters hat der Angeklagte als Prokurist der Firma N. N. ein mit dem Datum des 9. Oktober 1891, der Wechselsumme von 4343 Mark und dem Tage der Fälligkeit dem 10. Januar 1892 versehenes Wechselblankett, nachdem der Zimmermeister X. sein Accept darauf gesetzt hatte, nach Ergänzung des Vordrucks „an die Ordre“ durch die Worte „von mir selbst“ als Aussteller mit der Unterschrift „pp. N. N.“ versehen und diesen Wechsel einige Tage vor der Fälligkeit dem Acceptanten gegen Acceptation eines neuen Prolongationswechsels zurückgegeben. Auch X. hat den Wechsel nicht mit der vorgeschriebenen Stempelmarke versehen.

Mit Recht ist der Angeklagte auf Grund dieser thatsächlichen Feststellung wegen Wechselstempelhinterziehung zu der im § 15 des W.St.St.G. angedrohten Strafe verurtheilt. Als Aussteller des Wechsels war der

Angeklagte nach §§ 4 und 5 a. a. O. und insbesondere nach § 6 zur Entrichtung der Stempelabgabe verpflichtet, ehe er den Wechsel aus den Händen gab. Zwar war nach §§ 7 und 11 zunächst der Acceptant X. zur Versteuerung verpflichtet. Da dieser aber der Verpflichtung nicht nachkam, so ging nach § 11 a. a. O. die Verpflichtung auf den Angeklagten als Aussteller über. Der Umstand, daß der Wechsel, als ihn X. aus den Händen gab, noch kein vollständiger war, indem ihm die Unterschrift des Ausstellers fehlte, befreite X. nach § 16 nicht von der Stempelpflicht, denn für diese Pflicht ist der schließlich vollständige Wechsel maßgebend. Auch ist dem Berufungsrichter darin beizutreten, daß der Angeklagte durch die Rückgabe des Wechsels an den Acceptanten gegen einen neuen von X. acceptirten Prolongationswechsel denselben im Sinne des Wechselstempelgesetzes „aus den Händen gegeben" hat. Die Rückgabe war die Folge eines neuen Rechtsgeschäfts, nach dem gegen Aushändigung des früheren Wechsels ein Prolongationswechsel als Grundlage des jetzigen Schuldverhältnisses acceptirt wurde, und damit war der Umlauf des alten Wechsels beendet und der äußerste Zeitpunkt für die Versteuerung durch den Angeklagten gegeben (vgl. Urtheil des Reichsgerichts v. 20. September 1886 Rechtspr. Bd. 8 S. 545).

Die Revision war daher zurückzuweisen. Erk. des Kammerger. v. 23. März 1896. — Vgl. Anm. 4 zu § 11 und Anm. 5 zu § 16 d. G.

§. 7. Dem Aussteller eines inländischen Wechsels und dem ersten inländischen Inhaber eines ausländischen Wechsels ist gestattet, den mit einem inländischen Indossament noch nicht versehenen Wechsel vor Entrichtung der Stempelabgabe lediglich zum Zwecke der Annahme zu versenden und zur Annahme zu präsentiren.*) Der Acceptant eines unversteuerten Wechsels ist verpflichtet, vor der Rückgabe oder jeder anderweiten Aushändigung des Wechsels die Versteuerung desselben zu bewirken.**)

Wird jedoch ein nicht zum Umlauf im Bundesgebiet bestimmtes Exemplar eines in mehreren Exemplaren ausgefertigten Wechsels zur Einholung des Acceptes benutzt, so bleibt der Acceptant von der Verpflichtung zur Versteuerung befreit, wenn die Rückseite des acceptirten Exemplars vor der Rückgabe dergestalt durchkreuzt wird, daß dadurch die weitere Benutzung desselben zum Indossiren ausgeschlossen wird.

1. Derjenige, welcher einen von ihm acceptirten Wechsel aus den Händen giebt, bevor die Stempelverwendung in vorgeschriebener Weise stattgefunden, verwirkt die Strafe. Erk. des OT. v. 11. Dezbr. 1872 OR. Bd. 13 S. 650. — Vgl. Anm. 1 zu § 5 und Anm. 4 zu § 6 d. G.

1a. Die vom Aussteller und Indossanten bewirkte Bestempelung eines ohne Stempel vom Acceptanten zurückgegebenen Wechsels auf den Namen des letzteren ist wirkungslos. Erk. des OT. 28. 2. 1879. OR. Bd. 20 S. 117.

2. Zur Verhängung der Stempelstrafe gegen den Aussteller und den Acceptanten eines Wechsels genügt es nicht, wenn der Wechsel sich ungestempelt im Comtoir des Remittenten befunden hat; es muß vielmehr feststehen, daß sie die Aushändigung an den

*) Vgl. Anh. Anm. 1 Ziff. 7 litt. a.

**) Vgl. Anh. Anm. 1 Ziff. 7 litt. b.

Remittenten bewirkt haben. Erk. des OT. 4. März 1868. OR. Bd. 3 S. 319. — Vgl. Anm. 4 zu § 5 d. G.

**3.** In einem Spezialfalle, in welchem die Prima eines vom Auslande auf das Inland gezogenen, im Auslande domizilirten Wechsels dem Bezogenen durch einen Korrespondenten, nicht durch einen Indossatar, vorgelegt und dieselbe sodann von dem Bezogenen angenommen und nach Durchkreuzung der Rückseite unversteuert zurückgegeben wurde, war zweifelhaft geworden, ob dies Verfahren zulässig sei. Der Bundesrath hat in seiner Sitzung vom 13. Oktober d. J. (§ 383 der Protokolle) sich mit der von dem Ausschusse vorgetragenen Ansicht dahin einverstanden erklärt, daß derartige, vom Ausland auf das Inland gezogene, im Auslande domizilirte Wechsel, nach erfolgtem Accepte, auch wenn ein Umlauf derselben im Inlande nicht stattfindet, nach § 7 des W.St.St.G. der Stempelsteuer unterliegen. FME. 3. 11. 1875. CBl. S. 21 v. J. 1876. — Vgl. Anm. 12 zu § 1 und Anm. 3 zu § 15 d. G.

**4.** In Uebergabe eines Wechsels an den Gerichtsvollzieher behufs Präsentation und Protesterhebung Mangels Annahme des Wechsels ist nicht ein „aus den Händen geben des Wechsels" im Sinne des § 7 des W.St.St.G. zu finden.

Die Protesterhebung ist kein „aus den Händen geben" des Wechsels im Sinne einer, der Präsentation zur Annahme selbstständig gegenüber stehenden materiellen Verfügung über den Wechsel. Im § 18 der W.O., wo der Wechselinhaber für berechtigt erklärt wird, den Wechsel dem Bezogenen sofort zur Annahme zu präsentiren und in Ermangelung der Annahme Protest erheben zu lassen, erscheint die Protesterhebung lediglich als ein Theil des Präsentationsaktes, wie denn der Protest selbst nur einen nach den Vorschriften des § 88 der W.O. hergestellten formellen Beweis über die erfolglose Präsentation zur Annahme darstellt. Wenn daher der angeführte § 7 in Ausnahme von der Regel des § 6, wonach die Entrichtung der Stempelabgabe erfolgen muß, ehe der Wechsel aus den Händen gegeben wird, dem Aussteller gestattet, den Wechsel vor Entrichtung der Stempelabgabe lediglich zum Zwecke der Annahme zu versenden und zur Annahme zu präsentiren, so ist damit von selbst auch gestattet, bei Versendung eines Wechsels zum Zweck der Annahme mit dem Auftrage, ihn zur Annahme zu präsentiren, den weiteren Auftrag zu verbinden, im Falle der Nichtannahme den Beweis der erfolglos vorgenommenen Präsentation zur Annahme durch Aufnahme einer Protesturkunde herzustellen. RGE. 9. Dezbr. 1886. — Vgl. Anm. 6 und 7 bei § 5 d. G.

**§. 8.** Wird derselbe Wechsel in mehreren, im Kontexte als Prima, Sekunda, Tertia u. s. w. bezeichneten Exemplaren ausgefertigt, so ist unter diesen dasjenige zu versteuern, welches zum Umlaufe bestimmt ist.*)

**§. 9.** Außerdem unterliegt der Versteuerung jedes Exemplar, auf welches eine Wechselerklärung**) — mit Ausnahme des Acceptes und der Nothadressen — gesetzt ist, die nicht auf einem nach Vorschrift dieses Gesetzes versteuerten Exemplare sich befindet.***) Die Versteuerung muß erfolgen, ehe das betreffende Exemplar von dem Aussteller der die Stempelpflichtigkeit begründenden Wechselerklärung, oder, wenn letztere im Auslande abgegeben ist, von

*) Vgl. Anh. Anm. 1 Ziff. 9 Abs. 1.
**) Vgl. Anh. Anm. 1 Ziff. 9 litt. a.
***) Vgl. Anh. Anm. 1 Ziff. 9 litt. a und Abs. 2.

dem ersten inländischen Inhaber aus den Händen gegeben wird.

Soll ein unversteuertes Wechselduplikat ohne Auslieferung eines versteuerten Exemplars desselben Wechsels bezahlt oder Mangels Zahlung protestirt werden, so ist die Versteuerung desselben zu bewirken, ehe die Zahlung oder Protestaufnahme stattfindet.*)

Der Beweis des Vorhandenseins eines versteuerten Wechselduplikates oder des Einwandes, daß die auf ein unversteuertes Exemplar gesetzte Wechselerklärung auf einem versteuerten Duplikate abgegeben sei, oder daß bei Bezahlung eines unversteuerten Duplikates auch ein versteuertes Exemplar ausgeliefert sei, liegt demjenigen ob, welcher wegen unterlassener Versteuerung eines Wechselexemplars in Anspruch genommen wird.

§. **10.** Die Bestimmungen im §. 9 finden gleichmäßig auf Wechselabschriften Anwendung, welche mit einem Original-Indossamente, oder mit einer anderen urschriftlichen Wechselerklärung versehen sind. Jede solche Abschrift wird hinsichtlich der Besteuerung einem Duplikate desselben Wechsels gleichgeachtet.

§. **11.** Ist die in den §§. 6 bis 10 vorgeschriebene Versteuerung eines Wechsels, eines Wechselduplikates oder einer Wechselabschrift unterlassen, so ist der

---

*) Vgl. Anh. Anm. 1 Ziff. 9 litt. b.

nächste, und, so lange die Versteuerung nicht bewirkt ist, auch jeder fernere inländische Inhaber verpflichtet, den Wechsel zu versteuern, ehe er denselben auf der Vorder- oder Rückseite unterzeichnet, veräußert, verpfändet, zur Zahlung präsentirt, Zahlung darauf empfängt oder leistet, eine Quittung darauf setzt, Mangels Zahlung Protest erheben läßt oder den Wechsel aus den Händen giebt.*) Auf die von den Vordermännern verwirkten Strafen hat die Entrichtung der Abgabe durch einen späteren Inhaber**) keinen Einfluß.

1. Erk. des OT. 13. Juni 1878. JMBl. S. 133: a) Der Erwerber eines ungestempelten Wechsels ist zwar nach §§. 4 und 5 des W.St.St.G. als Theilnehmer an dem Umlaufe desselben ohne Weiteres für den Stempel mit verhaftet, unterliegt aber einer Strafe wegen der unterlassenen Stempelung nicht eher, als bis er seinerseits eine der im § 11 bezeichneten Verfügungen in Betreff des Wechsels vornimmt.

b) Im Sinne dieses § 11 ist unter einer auf den Wechsel geleisteten Zahlung eine auf die Wechselschuld, also Seitens eines Wechselschuldners oder für denselben geleistete Zahlung, nicht aber eine die wechselmäßige Verpflichtung gar nicht berührende Zahlung der Valuta von Seiten des Indossatars an den Indossanten zu verstehen.

Im § 11 des Wechselstempelges. ist unter einer auf den Wechsel geleisteten Zahlung nur eine Zahlung auf die Wechselschuld und nicht auch eine behufs Erwerbs

*) Vgl. Anh. Anm. 1 Ziff. 8 und Anm. 4 Abs. 1.

**) Vgl. Anh. Anm. 1 Ziff. 6 Abs. 2 und Ziff. 8 Abs. 4.

des Wechsels gemachte Zahlung zu verstehen. Erk. des OT. 19. Juni 1879. OR. Bd. 20 S. 300. — Vgl. Anm. 3 und 5 zu § 5 d. G. u. unten Anm. 3.

2. Wenn der Aussteller eines ihm vom Acceptanten unversteuert zurückgegebenen Wechsels im Verlaufe eines zwischen ihm und dem Acceptanten entstandenen Rechtsstreits zum Beweise einer Behauptung den Wechsel dem Prozeßgericht als Beweismittel vorlegt, so ist darin ein „Aus den Händen geben" des Wechsels nicht zu erblicken. Denn hierunter ist nicht jeder mechanische Aushändigungsakt, sondern ein solcher zu verstehen, welcher einen Theil des Wechselumlaufs bildet. (Vgl. Meves, G. über Wechselstempelsteuer S. 24 Note 2.)

Dagegen ist die Versteuerungspflicht in dem Zeitpunkte eingetreten, als noch vor der Fälligkeit des Wechsels der Acceptant dem Aussteller ein paar Pferde verkaufte und dabei ausdrücklich vereinbarte, daß die Wechselforderung in voller Höhe gegen den Kaufpreis aufgerechnet, ersterer also für getilgt gelten solle. Das Gesetz erwähnt zwar diesen Fall der Realisirung unter den § 11 aufgezählten Fällen ausdrücklich nicht, sondern bezeichnet u. A. die Versteuerungspflicht in der Person des späteren Inhabers als eingetreten: wenn er Zahlung auf den Wechsel empfängt. Indessen erscheint es nicht geboten, unter der hier erwähnten „Zahlung" lediglich Baarzahlung zu verstehen, vielmehr fällt darunter auch die Deckung des Wechsels in anderer Form, mithin auch durch Aufrechnung der Wechselforderung mit einer Gegenforderung des Wechselschuldners, zumal dadurch beide Forderungen, soweit sich deren Betrag gleichkommt, erlöschen. Diese Entscheidung entspricht dem Sinne und Geiste des Gesetzes, insofern die Steuer den Wechselverkehr treffen soll, welcher den Kapitalumsatz vermittelt, im vorausgesetzten Fall aber der Wechsel auch als Umsatzmittel dient; sie enthält auch keine Ausdehnung der Steuerpflicht über die derselben unterworfenen Fälle, sondern nur die Auslegung eines vom Gesetz anerkannten Falles der Steuerpflicht. Urtheil des Oberlandesgerichts Dresden vom 27. 2. 96. Goltdammer Archiv Bd. 44 S. 282. — Vgl. Anm. 1 zu § 5, Anm. 2 und 4 zu § 6 d. G.

**3.** Das Reichsgericht hat in einem Urtheil vom 28. Januar/4. Februar 1897 (C.Bl. S. 83) ausgesprochen:

a) Die beim Erwerb von Wechseln als Valuta gezahlten Beträge sind nicht Zahlungen auf die eigentliche Wechselschuld, also nicht Zahlungen auf die Wechsel im Sinne des § 11 des W.St.St.G. — Vgl. Anm. 3 zu § 5 d. G.

b) Ein Aus den Händen geben der Wechsel im Sinne des § 11 des W.St.St.G. liegt auch dann vor, wenn die Wechsel in zerschnittenem und daher nicht mehr umlaufsfähigem Zustand an den Wechselverpflichteten zurückgegeben werden. — Vgl. Anm. 2 zu § 6 und Anm. 4 zu § 7 d. G.

**4.** Erk. des RG. 20. Septbr. 1886. Entsch. i. Straf. Bd. 14:

a) Die Aufdrückung des Firmenstempels auf der Vorderseite eines vom Schuldner erhaltenen Solawechsels ist, wenn ihr sonst eine für den Umlauf des Wechsels rechtliche Bedeutung nicht zukommt, als eine „Unterzeichnung" im Sinne des § 11 des W.St.St.G. nicht aufzufassen.

b) Dagegen liegt ein „Aus den Händen geben" im Sinne dieser Gesetzesstelle vor, wenn der Wechselinhaber den nicht in Umlauf gesetzten Solawechsel an den Aussteller in Folge weiterer Rechtsvereinbarung zurückgiebt. — Vgl. Anm. 5 zu § 6 d. G.

c) Bei einem von einer Firma erworbenen Wechsel ist für die Erfüllung der Stempelpflicht stets der Firmeninhaber strafrechtlich verantwortlich, ohne Rücksicht darauf, ob er an der fraglichen Unterlassungshandlung persönlich betheiligt oder hieran verhindert war. — Vgl. Anm. 5 zu § 6, Anm. 5 zu § 15 und Anm. 5 zu 16 d. G.

**5.** Der Angeklagte hatte als Remittent eines Wechsels letzteren dem Rechtsanwalt N. unversteuert ausgehändigt, damit dieser seine Rechte aus dem Wechsel bei der Einziehung wahrnehme. Das Kammergericht hat als Revisionsinstanz in der Hingabe des Wechsels Seitens des Wechselgebers an seinen Bevollmächtigten, zumal dieses nach den Feststellungen des Vorderrichters nicht mit dem Auftrage erfolgt ist, vorerst die Wechselstempelung zu bewirken, obwohl der Rechtsanwalt letztere thatsächlich vorgenommen hat, ein „Aus den Händen geben" im Sinne des § 11 des W.St.St.G. erblickt. Urtheil vom 15. Okt. 1894. — Vgl. Anm. 7 bei § 5 d. G.

§. **12.** Der Verwahrer eines zum Accepte versandten unversteuerten Wechselexemplars wird, wenn er dasselbe gegen Vorlegung eines nicht versteuerten Exemplars (oder einer nicht versteuerten Kopie) desselben Wechsels ausliefert, für die Stempelabgabe verhaftet und verfällt, wenn dieselbe nicht entrichtet wird, in die im §. 15 bestimmte Strafe.*)

§. **13.** Die Verpflichtung zur Entrichtung der Stempelabgabe wird erfüllt:

1) durch Ausstellung des Wechsels auf einem mit dem erforderlichen Bundesstempel versehenen Blanket,

oder

2) durch Verwendung der erforderlichen Bundesstempelmarke auf dem Wechsel, wenn hierbei

---

*) Vgl. Anh. Anm. 1 Ziff. 8 Abs. 5.

die von dem Bundesrathe erlassenen und bekannt gemachten Vorschriften über die Art und Weise der Verwendung beobachtet worden sind.

§. 14. Stempelmarken, welche nicht in der vorgeschriebenen Weise verwendet worden sind, werden als nicht verwendet angesehen.

### Ausf.-B. zu §§. 13 und 14 des Gesetzes.

Art und Vertrieb der Stempelzeichen.

2. Zum Zwecke der Entrichtung der Abgabe werden Stempelmarken über 0,10, 0,20, 0,30, 0,40, 0,50, 1,00, 1,50, 2,00, 2,50, 3,00, 3,50, 4,00, 4,50, 5,00, 10,00, 15,00, 20,00, 25,00, 30,00 und 50,00 Mark und gestempelte Wechselvordrucke (Blankets) über 0,10 Mark ausgegeben. Die Verwendung aus solchen Vordrucken entfernter Stempelzeichen wird als eine Entrichtung der Abgabe nicht angesehen.

Die Marken haben die Form eines liegenden Rechtecks. Im Betrage von 0,10 bis 0,50 Mark sind sie in grüner, im Betrage von 1 bis 5 Mark in blauer Farbe hergestellt. In der linken oberen Ecke dieser Marken befindet sich ein Schild mit dem Reichsadler, von welchem sich nach rechts ein in zwei Enden auslaufendes Band mit der Inschrift: „Deutscher Wechsel-Stempel" zieht. Die Marken im Betrage von 10 bis 50 Mark sind in grüner und rother Farbe hergestellt; sie sind mit dem Reichsadler und über dem letzteren sowie mehrfach am Rande mit der erwähnten Inschrift versehen. Ausser der in schwarzer Farbe hergestellten Bezeichnung des Steuerbetrags und der entsprechenden Wechselsumme enthalten sämmtliche Marken den Vordruck: „den“ zur Anbringung des Entwerthungsvermerkes gleichfalls in schwarzer Farbe.

Die Wechselvordrucke tragen einen mit Verzierungen umgebenen Stempel in grüner Farbe, welcher, abgesehen von dem fehlenden Vordrucke für den Entwerthungsvermerk, dem Muster der Wechselstempelmarken entspricht.

3. Der Vertrieb der Wechselstempelmarken und gestempelten Vordrucke erfolgt durch die Postanstalten. Wechselstempelmarken zum Werthe von 10, 20 und 30 Pfennig werden bei allen Postämtern und bei denjenigen sonstigen Poststellen, bei welchen sich ein Bedürfniss hierfür herausstellt, verkauft. Die Verkaufsstellen für Wechselstempelmarken von höherem Werthe und für gestempelte Vordrucke werden nach den örtlichen Verhältnissen bestimmt und zur öffentlichen Kenntniss gebracht.

## Entwerthung der Marken.

4. Die Marken sind auf der Rückseite der Urkunde und zwar, wenn die Rückseite noch unbeschrieben ist, unmittelbar an einem Rande dieser Seite, anderenfalls unmittelbar unter dem letzten Vermerk (Indossament u. s. w.) auf einer mit Buchstaben oder Ziffern nicht beschriebenen oder bedruckten Stelle aufzukleben.

Es ist gestattet, zur Entrichtung der Abgabe mehrere, zusammen den erforderlichen Betrag darstellende, Wechselstempelmarken zu verwenden. Ferner ist es zulässig, bei Ausstellung des Wechsels auf einem gestempelten Vordrucke den an dem vollen gesetzlichen Betrage der Abgabe etwa noch fehlenden Theil durch vorschriftsmässig auf der Rückseite zu verwendende Stempelmarken zu ergänzen.

Kommen zur Entrichtung der Abgabe mehrere Marken zur Verwendung, so sind sie an dem gewählten Rande zunächst neben einander aufzukleben; reicht der hierzu zur Verfügung stehende Raum nicht mehr aus, so sind die weiteren Marken unmittelbar unter den bereits angebrachten aufzukleben.

5. In jeder einzelnen der aufgeklebten Marken muss Tag, Monat und Jahr der Verwendung der der Marke auf dem Wechsel, und zwar der Tag und das Jahr mit arabischen Ziffern, der Monat mit Buchstaben mittelst deutlicher Schriftzeichen ohne jede Auskratzung, Durchstreichung oder Ueberschreibung an der durch den Vordruck bezeichneten Stelle niedergeschrieben werden. Auch kann der Verwendungsvermerk auf der Marke ganz oder theilweise mittelst der Schreibmaschine oder durch Stempelaufdruck hergestellt werden; in diesem Falle braucht der Vermerk nicht an der durch den Vordruck bezeichneten Stelle zu stehen.

Allgemein übliche und verständliche Abkürzungen der Monatsbezeichnung mit Buchstaben sowie die Weglassung der beiden ersten Zahlen der Jahresbezeichnung sind zulässig (z. B. 29. Oktbr. 05, 13. Sept. 13). Auch ist es gestattet, dem Verwendungsvermerke die Firma oder den Namen des Verwendenden ganz oder theilweise hinzuzufügen.

Bei Verwendung eines gestempelten Wechselvordrucks bedürfen nur die etwa aufgeklebten Ergänzungsmarken, nicht auch der eingedruckte Werthstempel der Entwerthung.

6. Das erste inländische Indossament, welches

auf die Rückseite eines Wechsels gesetzt wird, oder der erste sonstige inländische Vermerk ist — abgesehen von dem Falle der Steuerentrichtung durch Verwendung eines den ganzen gesetzlich fälligen Betrag darstellenden Wechselvordrucks — unterhalb der zur Entrichtung der Abgabe entwertheten Wechselstempelmarken niederzuschreiben, widrigenfalls die letztere dem Niederschreiber dieses Indossaments oder Vermerkes und dessen Nachmännern gegenüber als nicht werwendet gilt. Es dürfen jedoch die Vermerke „ohne Protest", „ohne Kosten" neben der Marke niedergeschrieben werden.

Dem inländischen Inhaber, welcher aus Versehen sein Indossament auf den Wechsel gesetzt hat, bevor er eine Marke aufgeklebt hatte, ist gestattet, vor der Weitergabe des Wechsels unter Durchstreichung dieses Indossaments die erforderlichen Marken unter dem letzteren aufzukleben.

7. Die Bestimmung des §. 14 des **Gesetzes**, wonach nicht in der vorgeschriebenen Weise verwendete Stempelmarken als nicht verwendet anzusehen sind, soll nicht eine Doppelversteuerung zur Folge haben, sondern es soll dadurch nur der Thatbestand einer nach §. 15 zu ahndenden Zuwiderhandlung festgestellt werden. Abgesehen von der etwa erforderlich werdenden Einleitung des Strafverfahrens bedarf es daher nur einer nachträglichen Entwerthung der Stempelmarke durch Aufdruck des Amtsstempels der Steuerbehörde. Dasselbe gilt für den Fall, dass die Marke an unrichtiger Stelle aufgeklebt ist. Die Beibringung neuer Stempelmarken ist nur dann zu fordern, wenn aus der unrichtigen Art der Entwerthung der Stempelmarken, z. B. aus

der unrichtigen Zeitangabe, die Möglichkeit sich ergiebt, dass die Marken schon früher zu einem anderen Wechsel gebraucht worden sind. Doch steht es in jedem Falle der unrichtigen Entwerthung einer Marke dem späteren Inhaber des Wechsels frei, um sich und seine Nachmänner vor den Folgen dieser Entwerthung zu schützen, eine neue Marke vorschriftsmässig zu verwenden.

1. Die Entrichtung des Wechselstempels kann nur durch Niederschreiben des Wechsels auf einem gestempelten Blanket oder durch Aufkleben einer Stempelmarke, nicht aber durch Aufkleben eines aus einem Blanket ausgeschnittenen Stempels geschehen. — OTE. 27. März 1877, CBl. S. 262.

2. Durch die Verabsäumung der für die Kassirung der verwendeten Wechselstempelmarke vorgeschriebenen Förmlichkeiten wird die Hinterziehungsstrafe verwirkt, selbst wenn dabei eine Benachtheiligung des Steuer-Interesses schlechthin ausgeschlossen war und lediglich ein Versehen obwaltete. Erk. des OT. 27. Nov. 1873. OR. Bd. 14 S. 759. — Vgl. Anm. 1 u. 3 zu § 15 und Anm. 2 zu § 18 d. G.

3. Den Inhaber eines Wechsels, zu welchem der erforderliche Stempel in nicht vorschriftsmäßiger Weise verwendet worden, macht es nicht straflos, wenn er bei Weitergebung des Wechsels in Unkenntniß der bei der Stempelverwendung vorgekommenen Vorschriftswidrigkeiten handelte. Erk. des OT. 1. Okt. 1875. OR. Bd. 16 S. 624. — Vgl. Anm. 2 zu § 15 d. G.

4. Die Verabsäumung einer Formvorschrift bei Kassirung einer Wechselstempelmarke bleibt strafbar, selbst wenn später jene Formvorschrift aufgehoben worden ist. Erk. des OT. 11. Juni 1874. OR. Bd. 15 S. 396.

5. Wenn der Kassirungsvermerk auf einer Wechselstempelmarke ein Mehr, als nach der Bekanntm. des Reichskanzlers v. 16. Juli 1881 — jetzt Ausf.-B. 4 ff. zu § 14 d. G. — zur Entwerthung der Marke erforderlich ist, insbesondere außer dem vorschriftsmäßig eingeschriebenen Datum die Anfangsbuchstaben des Wohnortes und des Namens bezw. der Firma des Kassirenden enthält, ist die Marke doch als gültig verwendet anzusehen, sofern nur die Deutlichkeit des Vermerkes und die Werthbezeichnung der Marke durch die unnöthigen Zusätze nicht beeinträchtigt wird. FME. 4. Nov. 1881. III 14600.

6. Eine Wechselstempelmarke, welche nicht an der vorschriftsmäßigen Stelle aufgeklebt ist, gilt als nicht verwendet. Erk. des OT. 13. Sept. 1871. OR. Bd. 12 S. 442.

7. Dem Erfordernisse der Stempelverwendung ist nicht genügt, wenn die Marke nicht unter, sondern über ein auf dem Wechsel befindliches Blanko-Giro aufgeklebt wird Erk. des OT. 20. Nov. 1874. OR. Bd. 15 S. 805.

8. In einem Falle endete die Unterschrift, hinter welcher die Stempelmarke aufzukleben war, mit einem Schlußschwunge, der ziemlich senkrecht nach unten und etwas nach links sich wendet, so daß von dem linken Rande des Wechsels noch ein breiter Raum frei blieb. Die Stempelmarke war auf dem Raume unterhalb des Schlußschwunges aufgeklebt. Das vom Angeklagten angefochtene Urtheil nimmt an, daß diese Stempelmarke unmittelbar unter die Unterschrift und neben den Schlußschwung hätte geklebt werden sollen, und gelangt so zur Verurtheilung des Angeklagten wegen Wechselstempelsteuerhinterziehung. Die Revision ist verworfen. Dem Schlußschwunge sei für die Frage, ob die Marke unmittelbar unter den Buchstaben der letzten Unterschrift oder erst unter dem Schlußschwunge

anzubringen sei, eine entscheidende Bedeutung nur dann beizumessen, wenn der Schwung den Zwischenraum derartig decke, daß durch ihn zum mindesten die Anbringung eines weiteren Vermerks zwischen Unterschrift und Marke ausgeschlossen erscheine, falls die Marke erst unter dem Schlußschwunge angebracht wird. Lasse dagegen, wie hier, der Schlußschwung direkt unter den Buchstaben der Unterschrift so viel Raum frei, daß bequem noch andere Vermerke eingeschoben werden können, wenn die Marke erst unterhalb des Anlaufes des Schlußschwunges angebracht wird, so entspreche es dem Zwecke der Vorschrift, wenn die Vorinstanzen verlangen, daß die Marke ohne Rücksicht auf den seitlich sich herabziehenden Schlußschwung in dem direkt unterhalb der Buchstaben der letzten Unterschrift befindlichen freien Raume anzubringen sei. RGE. 3. Dez. 1894. Jur. Wochenschr. 1895 S. 99. Beil. zum Reichsanz. 1895 S. 59.

**9.** Wo bei Indossirung eines Wechsels der Unterschrift des Indossaments das Dienstsiegel beigedrückt wird, scheint letzteres zur Unterschrift zu gehören und somit einen, wenn auch nicht gerade nothwendigen, Bestandtheil der Wechselerklärung zu bilden. Die Wechselerklärung (der Vermerk) schließt daher erst mit dem Dienstsiegel und unter diesem dürften mithin auch erst die erforderlichen Wechselstempelmarken aufzukleben sein. Vfg. d. PStD. zu B. v. 4. Nov. 1894.

**10.** Die Verwendung einer mit einem unrichtigen Datum versehenen Stempelmarke ist nicht als eine vorschriftsmäßige anzusehen. Erk. des OT. 18. Okt. 1871. OR. Bd. 12 S. 515.

**11.** Die Thatsache, daß ein Wechsel mit der gesetzlichen Stempelmarke wirklich versehen ist, genügt nicht, um die Strafbarkeit späterer Theilnehmer an dessen Umlaufe auszuschließen, wenn derjenige, welcher die Marke verwendet hat, dies nicht in der vorgeschriebenen Weise gethan hat. Erk. des OT. 20. Juni 1877. CB. S. 285.

12. Nur der zeitliche Inhaber des Wechsels und auch dieser nur rechtzeitig, nachdem er Inhaber im Sinne des Gesetzes geworden ist, kann die erforderliche Stempelmarke wirksam verwenden. Durch eine von demselben bewirkte verfrühte Verstempelung des noch nicht vollständig ausgefüllten Wechselformulars wird dem Erforderniß der Stempelung nicht genügt. Entsch. des Kammerger. v. 11. Juli 1892. GA. Bd. 40 S. 201. — Vgl. Anm. 1 u. 2 zu § 6 d. G.

§. 15. Die Nichterfüllung der Verpflichtung zur Entrichtung der Stempelabgabe wird mit einer Geldbuße bestraft, welche dem funfzigfachen Betrage der hinterzogenen Abgabe*) gleichkommt.

Diese Strafe ist besonders und ganz zu entrichten von Jedem, welcher der nach den §§. 4—12 ihm obliegenden Verpflichtung zur Entrichtung der Stempelabgabe nicht rechtzeitig**) genügt hat, ingleichen von inländischen Maklern und Unterhändlern, welche wissentlich unversteuerte Wechsel verhandelt haben.

Die Verwandlung einer Geldbuße, zu deren Zahlung der Verpflichtete unvermögend ist, in eine Freiheitsstrafe findet nicht statt. Auch darf zur Beitreibung von Geldbußen ohne Zustimmung des Verurtheilten, insofern dieser ein Inländer ist, kein Grundstück subhastirt werden.

1. Der Thatbestand strafbarer Wechselsteuerhinterziehung erfüllt sich lediglich durch die

*) Vgl. Anh. Anm. 1 Ziff. 6 und Anm. 4 Abs. 1.
**) Vgl. Anh. Anm. 1 Ziff. 7.

Thatsache der Nichtbeachtung der für die Entrichtung der Steuer gegebenen gesetzlichen Vorschriften, gleichviel ob solche Unterlassung eine bewußte, eine fahrlässige oder nicht fahrlässige ist. Auch die Kenntniß der Steuerpflicht gehört nicht zu diesem Thatbestande, und es ist rechtlich gleichgültig, ob die Unkenntniß der Steuerpflicht auf verschuldetem oder unverschuldetem Irrthum beruht. RGE. 20. Nov. 1882. Entsch. i. Strafs. Bd. 7 S. 240. — Vgl. Anm. 2 zu § 14 d. G.

2. Der Acceptant eines mit der erforderlichen Stempelmarke versehenen Wechsels haftet nicht dafür, daß die betreffende Marke eine bereits anderweitig verwendete war, sobald er von dieser Thatsache keine Kenntniß hatte. Erk. des OT. 26. Okt. 1875. OR. Bd. 16 S. 690; Erk.-Gründe: der Appell.-Richter habe thatsächlich festgestellt, daß die Angeklagten aus der äußeren Erscheinung der zu dem fraglichen Wechsel verwendeten Stempelmarken deren früheren Gebrauch und dadurch eingetretene Entwerthung nicht hätten erkennen können und ihnen eine Fahrlässigkeit in dieser Beziehung nicht zur Last falle, sowie daß die Angeklagten das unter den vorliegenden Umständen ganz gerechtfertigte positive Bewußtsein von der bereits vollständig und richtig durch den Aussteller geschehenen Versteuerung des Wechsels gehabt hätten; das W.St.St.G. schließe die Anwendung des bei allen strafbaren Handlungen geltenden § 59 des Strafgesetzbuches nicht aus; § 15 des ersteren sei daher nur von einer nach allgemeinen strafrechtlichen Prinzipien zu rechnenden Nichterfüllung der gesetzlichen Vorschriften zu verstehen, und der in der Rechtsprechung des Ober-Tribunals stets festgehaltene Satz: daß bei Steuervergehen die Strafbarkeit weder durch die Absicht einer Steuerhinterziehung, noch durch das Bewußtsein der Rechtswidrigkeit des Verhaltens bedingt sei, beziehe sich nicht auf solche Fälle, in welchen der Thäter, ohne daß ihm eine Fahrlässigkeit zur Last

falle, sich in Unkenntniß der Thatsachen, welche die Steuerpflicht begründen, befunden habe. — Vgl. Anm. 3 zu § 14 d. G.

**3.** Das Reichsgericht hat im Urtheil vom 25. April 1899 — Entsch. in Str.S. Bd. 34 S. 130 — über die Pflicht zur Entrichtung der Stempelabgabe, wenn der auf das Ausland gezogene, nur im Auslande zahlbare Wechsel einen ausländischen Platz als Ort der Ausstellung angiebt, thatsächlich aber im Inlande ausgestellt ist, und über die strafrechtliche Verantwortlichkeit des Abgabepflichtigen, der die zum gesetzlichen Thatbestande der Hinterziehung gehörenden Umstände nicht kennt, sich ausgelassen:

Der von M. in K. in Rußland angenommene, „K. den 18. Januar 1895" datirte, in K. zahlbare Wechsel über 600 Mk. ist von den Acceptanten mit ihrem Accept versehen, aber unter Offenlassung des Raums für die Unterschrift des Trassanten an den Maschinenfabrikanten F. in C. gesandt, von diesen in C. als Trassant unterschrieben und girirt worden, dann im ferneren Umlauf auch an die Order Bergbaugewerkschaft in O. gelangt und vom Angeklagten als deren Direktor mittelst Indossaments weiter begeben worden, ohne daß ein deutscher Wechselstempel auf demselben verwendet worden war. Dem Angeklagten ist zugegeben, daß er der Meinung gewesen ist, der Wechsel sei in K. in Rußland ausgestellt und als sogenannter Transitwechsel steuerfrei. Er ist trotzdem der Hinterziehung der Wechselstempelsteuer schuldig erklärt worden.

Zunächst ist, so führt das Revisionsgericht aus, die Ansicht fehlsam, daß dem Umstande ein Gewicht nicht beizulegen sei, an welchem Orte der Wechsel vom Aussteller unterschrieben worden ist, und daß durch den Inhalt des Wechsels die Annahme widerlegt werde, daß er vom Inlande aus gezogen sei. Das W.St.St.G. bestimmt in § 1 Abs. 2 Nr. 1, daß von der Stempelabgabe befreit bleiben die vom Auslande auf das Ausland gezogenen nur im Auslande zahlbaren Wechsel, und statuirt damit eine Ausnahme von dem allgemeinen Grundsatze des Abs. 1, wonach gezogene und eigene Wechsel im Gebiete des Deutschen Reichs einer Abgabe unterliegen. Es ist davon auszugehen, daß diese Befreiung von der Abgabepflicht nur für den Fall zugebilligt werden soll, daß der Wechsel wirklich den dort aufgestellten Erfordernissen entspricht, also wirklich ein sogenannter transitirender Wechsel ist, nicht aber schon dann, wenn nur fälschlich ein Ort im Auslande als Ausstellungsort genannt, die Ausstellung des Wechsels aber thatsächlich im Inlande erfolgt ist. Die Annahme, daß lediglich der Inhalt des Wechseltextes in dieser Richtung entscheidend sein solle, würde der Hinterziehung der Stempelabgabe bei im Inlande auf das Ausland gezogenen, im Auslande zahlbaren Wechseln, die im Inlande umlaufen, Thür und Thor öffnen.

Daraus, daß die Angabe des Ortes der Ausstellung ein wesentliches Erforderniß eines gezogenen Wechsels ist, folgt nur, daß in dem Wechsel ein Ausstellungsort angegeben sein muß, nicht, daß die falsche Angabe des Ausstellungsortes die formelle Gültigkeit des Wechsels als solchen beeinträchtigt.

Der Berufungsrichter hat daher ohne Rechtsirrthum auf die erwiesene Thatsache, daß die Unterschrift des Ausstellers entgegen dem Inhalt des Wechseltextes in C. erfolgt ist, Gewicht gelegt, darnach die Eigenschaften desselben als Transitwechsel verneint und angenommen, daß der Wechsel in Deutschland stempelpflichtig ist.

Es kann sich dann nur noch fragen, ob der Umstand, daß der Angeklagte, als er den Wechsel durch Indossament unversteuert weiter gab, der Meinung gewesen ist, derselbe sei in K. in Rußland ausgestellt und daher als

Transitwechsel steuerfrei, seine strafrechtliche Haftung ausschließen kann.

Der § 15 des W.St.St.G. stellt die Nichterfüllung der Verpflichtung zur Entrichtung der Stempelabgabe schlechthin unter Strafe, ohne in subjektiver Beziehung einen strafbaren Vorsatz oder eine schuldhafte Fahrlässigkeit zu erfordern; er ahndet die Nichtbeobachtung der gesetzlichen Verpflichtung an sich als strafbare Abgabenhinterziehung. Ob der Einzelne mit der Absicht der Steuerhinterziehung oder auch nur mit dem Bewußtsein der Rechtswidrigkeit seines Verhaltens oder in schuldhafter Fahrlässigkeit gehandelt hat, oder nicht, ist demnach rechtlich bedeutungslos. Die in § 15 des angezogenen Gesetzes mit Strafe bedrohte Abgabenhinterziehung ist ein sogenanntes Formaldelikt, und bei solchen kommt auch auf die Kenntniß des Thäters von den zum gesetzlichen Thatbestande gehörigen Umständen nichts an. — Vgl. Anm. 12 zu § 1 und Anm. 3 zu § 7.

**4.** In Beziehung auf das **Strafmaß bei gemeinschaftlicher Kontravention Mehrerer** bestimmt das Cirk.-R. des FM. v. 4. Jan. 1877. III 16478. CB. S. 35, daß die mehreren Unterzeichner einer Wechselerklärung wegen der durch Hinterziehung des gesetzlichen Stempels verwirkten Strafe jeder für sich und besonders in Anspruch zu nehmen sind. Der hiervon abweichende, früher auch bei Wechselstempelstrafen angewendete Grundsatz, nach welchem die an einer Stempelkontravention betheiligten mehreren Personen nur einmal solidarisch in Strafe genommen zu werden pflegten, ein Grundsatz, der ohnehin, was auch das Kgl. Ober-Tribunal schließlich anerkannt hat, im Strafrecht oder in den Stempelgesetzen selbst keine Begründung findet, vielmehr nur eine milde Praxis der Steuerverwaltung darstellt, hat auf die Bestimmungen des W.St.St.G. keine Anwendung. Nur der Spezialfall kann jedesmal ergeben, ob und welche jenem Grundsatz im Resultat gleichkommende Strafermäßigung möchte Platz greifen können. — Vgl. Anm. 1 und 2 zu § 19 d. G.

5. Wenn eine Genossenschaft einen Wechsel unversteuert protestiren läßt oder aus den Händen giebt, ohne daß sich feststellen läßt, welches Vorstandsmitglied hierbei thätig gewesen ist, sind sämmtliche Vorstandsmitglieder wegen Zuwiderhandlung gegen das Wechselstempelgesetz in Anspruch zu nehmen. FME. v. 29. Sept. 1893. III 1:009. — Vgl. Anm. 5 zu § 6, Anm. 4 zu § 11 und Anm. 5 zu § 16 d. G.

**§. 16. Der Acceptant eines gezogenen und der Aussteller eines trockenen Wechsels können daraus daß der Wechsel zur Zeit der Annahme-Erklärung, beziehungsweise der Aushändigung, mangelhaft gewesen sei, keinen Einwand gegen die gesetzlichen Folgen der Nichtversteuerung desselben entnehmen.*)**

1. Der Wechselstempelsteuer unterliegen allerdings nur diejenigen Urkunden, welche den in der WO. aufgeführten Erfordernissen eines Wechsels entsprechen, und daher können Urkunden, welche die übrigen Erfordernisse eines trockenen Wechsels erfüllen, in denen indessen der Tag der Ausstellung und der Name des Gläubigers noch nicht ausgefüllt sind, in diesem Zustand als steuerpflichtig nicht angesehen werden. Im § 16 des W St.St.G. ist indessen bestimmt, daß der Acceptant eines gezogenen und der Aussteller eines trockenen Wechsels daraus, daß der Wechsel zur Zeit der Annahme-Erklärung, beziehungsweise der Aushändigung, mangelhaft gewesen sei, keinen Einwand gegen die gesetzlichen Folgen der Nichtversteuerung

*) Vgl. Anh. Anm. 1 Ziff. 7 litt. b.

desselben entnehmen können. Wird daher ein trockner Wechsel von dem Aussteller in nicht völlig ausgefülltem Zustande demjenigen, an welchen nach dem Wechsel gezahlt werden soll, ungestempelt übergeben, und von diesem demnächst die Ausfüllung bewirkt, so würde der Aussteller des Wechsels die Strafe der Wechselstempelhinterziehung selbst dann verwirkt haben, wenn auch der Gläubiger bei Ausfüllung des Wechsels gleichzeitig den gesetzlichen Stempel verwendet, denn den Wechsel-Aussteller würde immer der Vorwurf treffen, das Schriftstück dem Gläubiger ausgehändigt zu haben, ohne daß es versteuert war, und er könnte sich nach § 16 nicht damit entschuldigen, daß zu der Zeit, wie er den Wechsel aushändigte, dieser noch mangelhaft gewesen sei. Daß der § 16 des W.St.St.G. in dem angegebenen Sinne zu verstehen sei, ist im RGE. vom 30. Juni 1887 (Entsch. in Strafsachen Bd. 16 S. 206) anerkannt worden. FME. v. 13. Juni 1896. III 8329.

**2.** Derjenige, welcher einen nicht vollständig ausgefüllten (vom Aussteller nicht unterschriebenen) Wechsel acceptirt, ist wegen unterlassener Stempelung nur in dem Falle strafbar, wenn demnächst durch vollständige Ausfüllung seiner wesentlichen Theile ein stempelpflichtiger Wechsel wirklich entstanden ist. Erk. des OT. 10. Dez. 1875. GA. Bd. 23 S. 563.

**3.** Wer ein nicht ausgefülltes Wechselformular mit seinem Accept versieht und dann ungestempelt aus den Händen giebt, hat die Stempelstrafe auch dann verwirkt, wenn der Aussteller seinerseits bei der nachträglichen Vollziehung rechtzeitig den Stempel verwendet. RGE. 19. März 1897. C.Bl. S. 202. Entsch. in Str.S. Bd. 30 S. 19.

Der Angeklagte hatte auf Ansuchen des Kaufmanns M. auf ein gedrucktes Wechselformular seinen Namen als Acceptant niedergeschrieben und es ohne Stempelmarke und ohne über die einzurückende Wechselsumme mit M.

Vereinbarung zu treffen, diesem zurückgegeben. M. trug am folgenden Tage 10000 Mark als Wechselsumme ein, füllte es auch im Uebrigen aus, unterschrieb als Aussteller und gab den so fertig gestellten Wechsel dem Bankier H. in Zahlung. M., auf das Fehlen der Stempelmarke von H. aufmerksam gemacht, löste eine Marke im Betrage von 5 Mark und übergab sie mit dem Wechsel an H. Dieser kassirte die Marke und nahm den Wechsel, nachdem M. noch seinen Namen als Indossant unter die Marke gesetzt hatte, an sich.

Der fertig gestellte Wechsel wird behandelt, als wäre bei Aushändigung des Blankoaccepts das Wechselformular bereits vollständig ausgefüllt gewesen; die Unterlassung der Besteuerung Seitens des Blankoacceptanten wird strafbar durch die Herstellung eines stempelpflichtigen Wechsels. Hierbei ist der Einwand des Angeklagten belanglos, daß er zur Verwendung des erforderlichen Stempels außer Stande gewesen sei, weil er nicht gewußt habe, über welche Summe das Wechselformular habe ausgefüllt werden sollen.

4. Derjenige, welcher ein unvollständig ausgefülltes Wechselformular mit seinem Accept versieht und in diesem Zustande einem Andern aushändigt, verwirkt dadurch, wenn später die vollständige Ausfüllung erfolgt, die Stempelstrafe nach dem vollen darin verschriebenen Betrage, sollte auch der später den Wechsel als Aussteller Vollziehende seinerseits rechtzeitig den Stempel (ganz oder theilweise) verwendet haben. In dem gedachten Fall ist der Wechsel nach Maßgabe des ursprünglich in demselben verschriebenen Betrages zu besteuern, sollte dieser auch nachträglich (bei der Vollziehung durch den Aussteller) reduzirt worden sein. Erk. des OT. 16. Mai 1873. OR. Bd. 14 S. 364.

5. Derjenige, der einen mit seinem Accept versehenen,

der Unterschrift des Ausstellers entbehrenden Wechsel ungestempelt in das Ausland versendet, verwirkt die Stempelstrafe, wenn auch der im Ausland mit der Unterschrift des ausländischen Ausstellers versehene Wechsel bei der Rückkehr in das Inland von dem ersten inländischen Inhaber vorschriftsmäßig versteuert ist.

Der Prokurist einer Firma, der als solcher ein Wechselaccept ausgestellt und ausgehändigt hat, wird durch den Umstand, daß er dies als Prokurist gethan, von der strafrechtlichen Verantwortlichkeit nicht befreit, wenngleich der Geschäftsinhaber auch für die Zuwiderhandlungen von Prokuristen, und sonstigen Geschäftsbevollmächtigten die strafrechtliche Verantwortlichkeit trägt. R.G.E. 22. 11. 98. C.Bl. 1899 S. 82 — Entsch. in Str. Bd. 31 S. 336.

Der Prokurist der Firma A. in Berlin sandte an die Firma B. in Malaga das Formular eines gezogenen Wechsels, nachdem er dasselbe als Prokurist mit dem Annahmevermerk versehen und im Uebrigen bis auf die Unterschrift des Ausstellers vollständig ausgefüllt hatte. B. in Malaga fügte seine Unterschrift als Aussteller hinzu und girirte das Wechselformular und übersandte es an das Bankhaus D. in Berlin. D. ließ den Wechsel, nachdem er hinter dem ersten Indossament die Wechselstempelmarken entwerthet hatte, bei der Firma A. protestiren.

Für unerheblich ist der Einwand des Angeklagten erachtet, daß das Accept der Firma B. nur zur Sicherheit und mit der ausdrücklichen Abrede gegeben sei, daß der Wechsel nicht ausgefüllt und benutzt, sondern der Wechselbetrag um den Betrag der entstehenden Provisionsforderung des Acceptanten gekürzt und das Accept schließlich annullirt werden solle.

In subjektiver Beziehung erfordert der Thatbestand strafbarer Wechselstempelsteuerhinterziehungen weder eine auf Steuerhinterziehung gerichtete Absicht, noch das Bewußtsein rechtswidrigen Verhaltens oder auch nur schuldhafte Fahrlässigkeit. — Vgl. Anm. 12 bei § 1, Anm. 3 bei § 7, ferner Anm. 5 bei § 5, Anm. 5 bei § 6 und Anm. 4 bei § 11 d. G.

**6.** Derjenige, welcher einen nachher zur Begebung an Dritte gelangten Wechsel zur Zeit, als er ein Blanket bildete, als Aussteller und Indossant unterschrieben hat, kann wegen Nichtentrichtung der Wechselstempelsteuer strafrechtlich haftbar werden. Die Fälschung der Annahmeerklärung des Bezogenen oder eines Giros ist in dieser Hinsicht ohne Einfluß. Erk. des RGer. 5. Jan. 1884. Entsch. in Straff. Bd. 10 S. 27.

**§. 17.** Wechselstempel-Hinterziehungen (§. 15) verjähren in fünf Jahren, von dem Tage der Ausstellung des Wechsels an gerechnet. Die Verjährung wird durch jede auf Verfolgung der Hinterziehung gegen den Angeschuldigten gerichtete amtliche Handlung unterbrochen.

**1.** Die Existenz eines Wechsels im Sinne der W.O. ist dem Wortlaut des § 17 Satz 1 des W.St.St.G. nach Voraussetzung für die Verjährung der Strafverfolgung; erst mit Ausfüllung des als Blanket gegebenen Wechsels beginnt die Verjährung der Strafverfolgung. R.G.E. 29. März 1898. C.Bl. S. 371. Entsch in Str.S. Bd. 31 S. 96.

Im Frühjahre 1895 ließ der Angeklagte R. zu Konkursakten behufs Geltendmachung seiner Forderungen zwei mit je 2,50 M. zu versteuernde Wechsel über je 5000 M., sowie vier mit je 5 M. zu versteuernde über je 10000 M. einreichen; sämmtliche Wechsel trugen das Datum: 31. Oktober 1894 und lauteten auf Sicht. Die Wechsel waren durch Indossament an den Angeklagten gelangt, und zwar die Wechsel über je 10 000 M. durch Indossament vom 5. Oktober 1884, diejenigen über je 5000 M., in denen die Mitangeklagte L. als Remittentin bezeichnet war, durch Indossamente vom Jahre 1885. Damals lagen aber noch keine vollständigen Wechsel vor, sondern nur sog Blankowechsel, die zwar schon den Namen des Ausstellers R. trugen, die R. aber hinsichtlich der Data, der Fälligkeitszeiten und der Wechselsummen ausfüllte, als er am 25. April 1895 die Wechsel zu den Konkursakten einreichen ließ. Stempelmarken wurden mit dem Kassationsvermerk von diesem Tage versehen, jedoch theils in unzureichenden Beträgen, theils in unrichtiger Weise, sodaß gegen beide Angeklagte das Strafverfahren eingeleitet wurde.

Der Verjährungseinwand der Angeklagten wurde verworfen, weil die Wechsel durch die am 25. April 1895 bewirkte Vervollständigung die Form von Wechseln erhalten hätten und daher von diesem Tage an als ausgestellt galten. Die Existenz eines Wechsels im Sinne der Wechselordnung ist, wie die Voraussetzung für die Strafbarkeit der Wechselstempelhinterziehung — Entsch. Bd. 30 S. 19 — so auch diejenige für die Verjährung der Strafverfolgung.

Die Strafbarkeit der Mitangeklagten L. war davon abhängig, daß das Wechselblankett später durch Ausfüllung ein vollständiger Wechsel wurde, und diese Bedingung wurde erst am 25. April 1895 erfüllt. Die Berufung dieser Angeklagten auf die Beifügung der Jahreszahl 1885 zu ihrem Giro vermag übrigens auch schon deshalb nicht zu ihrer Entlastung dienen, weil dadurch der spätere Inhaber des Wechsels nicht gehindert wurde, auf den Wechsel einen späteren Ausstellungstag, sowie eine spätere Fälligkeitszeit mit verbindlicher Kraft für die Indossantin zu setzen. Entscheidend ist somit auch in Bezug auf die von der Angeklagten L. begangenen Strafthat der Wortlaut des § 17 insofern, als es darnach nicht auf den Zeitpunkt der einzelnen Wechselerklärungen, sondern auf den „Tag der Ausstellung" des Wechsels ankommt.

2. Für die Frage, an welchem Tage die Verjährung der Wechselstempelhinterziehung beginnt, sind nicht die allgemeinen Bestimmungen im Schlußabsatz des § 67 des Reichsstrafgesetzbuches, sondern ist allein die Spezialvorschrift des § 17 des W.St.St.G., wonach Wechselstempelhinterziehungen in fünf Jahren vom Tage der Ausstellung des Wechsels an gerechnet verjähren, maßgebend. Festgestelltermaßen trägt nun zwar der Wechsel das Datum des 14. April 1884, er ist aber erst am 29. Mai 1890, an welchem Tage die Vorstandsmitglieder ihn mit ihrer Unterschrift, sowie der Adresse des Bezogenen versehen haben, ausgestellt. Bis zu diesem Tage hatte das Wechselformular, auf welches der Angeklagte sein Accept gesetzt hatte, nach Artikel 4 der W.O., welcher als wesentliche Erfordernisse des Wechsels unter Nr. 5 die Unterschrift des Ausstellers und unter Nr. 7 den Namen des Bezogenen anführt, noch nicht die Eigenschaft eines Wechsels.

Auch der eventuelle Grund der Freisprechung ist hinfällig. Denn der Angeklagte war nach §§ 6, 16 a. a. O. bereits am 14. April 1884, als er das Wechselaccept weiter begab, zur Verstempelung verpflichtet. Der Umstand, daß der Wechsel, als er von dem Vorstande am 29. Mai 1890 ausgefüllt wurde, schon die unter dem 1. Dez. 1889 kassirte Stempelmarke trug, ist daher für die Beurtheilung der Stempelhinterziehung des Angeklagten einflußlos. RGE. 27. Okt. 1892.

3. Durch den hauptamtlichen Strafbescheid wird die Verjährung unterbrochen, aber nicht schon durch solche Prozeßhandlungen, welche den Strafbescheid nur vorbereiten. FMR. 13. Dez. 1882 III 16 806.

4. Die Verjährung von Wechselstempel-

defraudationen kann durch amtliche Handlungen der Sportelrevisoren der Kreisgerichte nicht unterbrochen werden, weil die letzteren nicht zu denjenigen Beamten gehören, welche mit der Beaufsichtigung des Stempelwesens beauftragt sind. Erk. des OT. 1. Juni 1877 CBl. S. 277.

§ 18. In Betreff der Feststellung, Untersuchung und Entscheidung der Wechselstempel-Hinterziehung und der Vollstreckung der Strafe, sowie in Betreff der Strafmilderung und des Erlasses der Strafe im Gnadenwege kommen die Vorschriften zur Anwendung, nach welchen sich das Verfahren wegen Vergehen gegen die Zollgesetze — in den von der gemeinschaftlichen Zollgrenze ausgeschlossenen Bezirken aber das Verfahren wegen Vergehen gegen die Stempelgesetze — bestimmt.*)

Die im §. 15 vorgeschriebenen Geldbußen fallen dem Fiskus desjenigen Staates zu, von dessen Behörden die Strafentscheidung erlassen ist.

1. Auch ohne Vorlegung des Originals und beim bloßen Vorhandensein einer beglaubigten Abschrift des Wechsels ist der erkennende Richter wohl befugt, thatsächlich festzustellen, daß das auf dem Wechsel befindliche Giro von dem Angeklagten herrühre, sobald er die in dieser Beziehung vorliegenden Beweise nach seiner Ueberzeugung für genügend erachtet. Erk. des OT. 24. Okt. 1866. GA. Bd. 14 S. 832.

2. Der Beweis, daß eine Wechselstempelmarke nicht in vorschriftsmäßiger Weise kassirt worden sei, kann nicht blos durch Vorlegung des mit

---

*) Vgl. Anh. Anm. 2 u. 3.

der Marke versehenen Wechsels, sondern auch durch Vorlegung einer beglaubigten Abschrift des Wechsels geführt werden. Erk. des O.T. 17. Mai 1871. OR. Bd. 12 S. 268. — Ebenso ist in einem gleichen Falle entschieden, daß die nicht vorschriftsmäßige Verwendung einer Wechselstempelmarke durch jedes im Strafverfahren statthafte Beweismittel dargethan werden kann und daß die Annahme: es sei zur Beweisführung die Vorlegung des Originalwechsels erforderlich, rechtsirrthümlich ist. Erk. des O.T. 26. Nov. 1873. OR. Bd. 14 S. 757. — Vgl. die Anmerkungen bei § 14 d. G.

3. Im gerichtlichen Strafverfahren wegen Wechselstempelhinterziehung darf der Einwand des Angeschuldigten, daß er den geforderten Wechselstempel zu entrichten nicht verpflichtet sei, nicht zum Civilprozeß verwiesen werden; vielmehr hat der Strafrichter über die Frage zu entscheiden, ob eine Wechselstempelhinterziehung vorliegt. Erk. des RGer. 7. Okt. 1880. CBl. 1882 S. 288 ff.

§. **19.** Jede von einer nach §. 18 zuständigen Behörde wegen Wechselstempel-Hinterziehung einzuleitende Untersuchung und zu erlassende Strafentscheidung kann auch auf diejenigen Inhaber des Wechsels, welche anderen Bundesstaaten angehören, ausgedehnt werden. Die Strafvollstreckung ist nöthigenfalls durch Requisition der zuständigen Behörden und Beamten des Staates zu bewirken, in dessen Gebiete die Vollstreckungsmaßregel zur Ausführung kommen soll.

Die Behörden und Beamten der Bundesstaaten sollen sich gegenseitig thätig und ohne Verzug den

**verlangten Beistand in allen gesetzlichen Maßregeln leisten, welche zur Entdeckung oder Bestrafung der Wechselstempel-Hinterziehungen dienlich sind.***)

**1.** Wenn in dem § 19 des W.St.St.G. bestimmt ist, daß jede von einer nach § 18 l. c. zuständigen Behörde wegen Wechselstempelhinterziehung einzuleitende Untersuchung und zu erlassende Strafentscheidung auch auf diejenigen Inhaber des Wechsels ausgedehnt werden kann, welche anderen Bundesstaaten angehören, so enthält diese Bestimmung keine Einschränkung dahin, daß eine Steuerbehörde die Untersuchung auf die Angehörigen anderer Bundesstaaten nur dann ausdehnen, oder erstrecken dürfe, wenn auch außerdem ein Angehöriger des eigenen Staates vorhanden ist, gegen welchen die Untersuchung eingeleitet werden kann. Der § 19 gestattet vielmehr zugleich, daß eine nach § 18 zuständige Steuerbehörde in Wechselstempelstrafsachen Untersuchungen auch gegen die Angehörigen anderer Bundesstaaten einleiten und verfolgen darf. FMR. 6. Okt. 1874. III 13774. — Vgl. Anm. 4 zu § 15 d. G.

**2.** In denjenigen Fällen, wo mehrere Personen in Betreff eines Wechsels ihrer Verpflichtung zur Entrichtung der Stempelabgabe nicht rechtzeitig genügt haben und deshalb wegen Wechselstempelhinterziehung zur Untersuchung zu ziehen sind, ist gegen alle betreffenden Personen, namentlich auch gegen die in anderen Hauptamtsbezirken wohnhaften Kontravenienten, die Untersuchung von dem zuerst mit derselben befaßten zuständigen Hauptamte zu führen. Im § 19 des W.St.St.G. ist ausdrücklich vorgeschrieben, daß jede von einer nach § 18 zuständigen Behörde wegen Wechselstempelhinterziehung einzuleitende Untersuchung und zu

*) Vgl. § 7 des Verwaltungsstrafges. v. 26. 7. 1897 und Ausf.-B. Nr. 8 Abs. 3 dazu.

erlassende Strafentscheidung auch auf diejenigen Inhaber des Wechsels, welche anderen Bundesstaaten angehören, ausgedehnt werden kann. Aus den Motiven zu dem gedachten Gesetze ergiebt sich, daß es für eine überflüssige und der Sache selbst nachtheilige Weitläufigkeit des Verfahrens erachtet ist, wenn in jedem Bundesstaate, welchem ein Inhaber des Wechsels angehört, eine besondere Prozedur eingeleitet werden sollte. Wenn es auch richtig ist, daß unter Umständen in einzelnen Fällen die Einleitung eines besonderen Prozesses gegen jeden Inhaber des Wechsels schneller zum Ziele führen mag, so kann doch unter anderen Umständen das Gegentheil ebensowohl eintreten und namentlich können aus der verschiedenen Behandlung der vorkommenden Rechtsfragen bei den verschiedenen Behörden sehr unerwünschte Verwickelungen hervorgehen. Es unterliegt auch keinem Zweifel, daß es der Absicht des Gesetzgebers entspricht, diejenigen Fälle, in welchen die mehreren zur Untersuchung zu ziehenden Inhaber des Wechsels einem und demselben Bundesstaate angehören, aber in verschiedenen Hauptamtsbezirken ihren Wohnsitz haben, in der fraglichen Beziehung nicht anders zu behandeln, als die Fälle, wo die Kontravenienten verschiedenen Bundesstaaten angehören. Die Bestimmung im § 19 des Gesetzes berechtigt in den erstgedachten Fällen ebenfalls das zur Einleitung der Untersuchung zuständige Hauptamt, den Prozeß zugleich auf die seinem Bezirke nicht angehörenden Inhaber des Wechsels auszudehnen. Ob die Praxis der Gerichte künftig zur Annahme eines anderen Grundsatzes Veranlassung geben möchte, ist abzuwarten. FME. v. 6. Juni 1870 III 9633.

**3.** Nach den in dem FMR. vom 6. Juni 1870. III. 9633 — s. oben — ausgesprochenen Grundsätzen ist auch bei Anträgen auf Einleitung der gerichtlichen Untersuchung gegen Beschuldigte zu verfahren. Vfg. d. PStD. zu B. v. 30. Nov. 1893.

§. 20. Die in den einzelnen Staaten des Bundes mit der Beaufsichtigung des Stempelwesens beauftragten Behörden und Beamten haben die ihnen obliegenden Verpflichtungen mit gleichen Befugnissen, wie sie ihnen hinsichtlich der nach den Landesgesetzen zu entrichtenden Stempelabgaben zustehen, auch hinsichtlich der Bundes-Stempelabgabe wahrzunehmen.*)

§. 21. Außer den Steuerbehörden haben alle diejenigen Staats- oder Kommunalbehörden und Beamten, denen eine richterliche oder Polizeigewalt anvertraut ist, sowie die Notare und andere Beamte, welche Wechselproteste ausfertigen, die Verpflichtung, die Besteuerung der bei ihnen vorkommenden Wechsel und Anweisungen von Amtswegen zu prüfen und die zu ihrer Kenntniß kommenden Zuwiderhandlungen gegen dieses Gesetz bei der nach §. 18 zuständigen Behörde zur Anzeige zu bringen. Notare, Gerichtspersonen und andere Beamte, welche Wechselproteste ausfertigen, sind verbunden, sowohl in dem Proteste, als in dem über die Protestation etwa aufzunehmenden Protokolle ausdrücklich zu bemerken, mit welchem Stempel die protestirte Urkunde versehen, oder daß sie mit einem Bundesstempel nicht versehen ist.

1. JMR. v. 29. Dez. 1869 an sämmtliche Gerichte und Notare. JMBl. S. 282: Nach §§ 20 u. 21 des W.St.St.G. bleiben die Preußischen gerichtlichen Behörden

---

*) Vgl. Anh. Anm. 4 Abs. 3.

und Beamten, einschließlich der Notare, auch ferner verpflichtet, die Versteuerung der bei ihnen zur Vorlage kommenden Wechsel und der denselben durch § 24 des Gesetzes gleichgestellten Papiere von Amtswegen zu überwachen und zu prüfen. Wahrgenommene Kontraventionen sind den — nach § 18 a. a. O. zur Einleitung des administrativen Strafverfahrens fortan ausschließlich zuständigen — Behörden zur Verwaltung der indirekten Steuern anzuzeigen (§ 21 a. a. O.). Der Justizminister erwartet, daß diese für die Bundes- und Staatsfinanzen wichtige Verpflichtung auf das sorgfältigste erfüllt werden wird. Zugleich werden die bezeichneten Behörden und Beamten auf die an die Steuerbehörden erlassene Anweisung des Herrn Finanzministers v. 19. Dez. 1869, betreffend das Strafverfahren wegen Wechselstempelhinterziehung nach dem Bundesges. v. 10. Juni 1869, mit der Aufforderung hingewiesen, die in derselben gegebenen Erläuterungen zu beachten (s. Anh. Nr. 1).

**2.** JMR. v. 10. Okt. 1872 an sämmtliche Gerichte und Notare. JMBl. S. 267: Der § 21 des W.St.St.G. legt allen Staats- und Kommunalbehörden und Beamten, denen eine richterliche oder Polizeigewalt anvertraut ist, sowie den Notaren und anderen Beamten, welche Wechselproteste ausfertigen, die Verpflichtung auf, die Besteuerung der bei ihnen vorkommenden Wechsel und Anweisungen von Amtswegen zu prüfen und die zu ihrer Kenntniß kommenden Zuwiderhandlungen gegen dies Gesetz bei der nach § 18 zuständigen Behörde zur Anzeige zu bringen. Notare, Gerichtspersonen und andere Beamte, welche Wechselproteste ausfertigen, sind insbesondere verbunden, sowohl in dem Proteste als in dem über die Protestation etwa aufzunehmenden Protokolle ausdrücklich zu bemerken, mit welchem Stempel die protestirten Urkunden versehen, oder daß sie mit einem Bundesstempel nicht versehen sind. Nach der Mittheilung des Herrn Finanzministers beschränken sich die Notare und

Gerichtsbeamten bei der Aufnahme von Protesten darauf, daß sie in dem Proteste bemerken, mit welchem Stempel der protestirte Wechsel u. s. w. versehen, oder daß er mit einem Bundesstempel nicht versehen sei, ohne zu prüfen, ob die Versteuerung richtig und rechtzeitig erfolgt sei. Hierdurch wird der im ersten Satze des § 21 den gedachten Beamten auferlegten Pflicht, die vorschriftsmäßige Versteuerung zu prüfen, nicht genügt. Der § 21 im Zusammenhange mit §§ 18 und 14 ergiebt, daß eine vorschriftsmäßige Verwendung des Stempels nur dann anzunehmen ist, wenn der Wechsel entweder auf einem mit dem erforderlichen Bundesstempel versehenen Blanket ausgestellt, oder die Verwendung der erforderlichen Bundesstempelmarken auf dem Wechsel nach Maßgabe der vom Bundesrath erlassenen Vorschriften über die Art und Weise der Verwendung erfolgt ist. Da die Kassation der Stempelmarken selbst nicht mehr amtlich erfolgt, sondern von jedem Privatmann bewirkt werden kann, so ist eine Ueberwachung der für das Aufkleben und die Kassirung der Marken gegebenen Vorschriften um so mehr unerläßlich, als diese Vorschriften die einzige Gewähr für die Rechtzeitigkeit der Versteuerung und zur Verhütung des mehrmaligen Gebrauchs derselben Marke bilden. Die Gerichtsbehörden und Notare werden deshalb auf die genaue Beobachtung dieser Vorschriften hingewiesen. Es ist deshalb in allen Fällen, in denen gegen die gegebenen Vorschriften verstoßen oder in denen die Verwendung der Marken nicht rechtzeitig durch den ersten zur Stempelabgabe gesetzlich Verpflichteten bewirkt ist, der nach § 18 des Gesetzes zuständigen Behörde von der vorgefallenen Kontravention Nachricht zu geben. Um den mit der Aufsicht des Stempelwesens beauftragten Beamten möglichst in Stand zu setzen, sich bei der Revision der Wechselproteste eine Ueberzeugung darüber zu schaffen, ob den gesetzlichen Vorschriften entsprochen ist, werden die Gerichtsbeamten und Notare zugleich angewiesen, in den nach § 88 der Wechselordnung zu nehmenden beglaubigten Abschriften der Wechsel und Anweisungen die Stelle, wo die Stempelmarke aufgeklebt worden, zu bezeichnen, sowie die Art und Weise der Kassation durch Abschrift des Kassationsvermerks ersichtlich zu machen.

**3.** Wenn ein Notar es unterläßt, eine bei Aufnahme eines Wechselprotestes zu seiner Kenntniß gekommene Zuwiderhandlung gegen dieses Gesetz bei der zuständigen Behörde zur Anzeige zu bringen, so ist dies eine Verletzung der Amtspflichten und als solche nach den Disziplinargesetzen strafbar. Erk. des OT. 17. Sept. 1875. JMBl. 1876 S. 26.

**4.** Seit dem 1. Oktober 1879 sind auch die Gerichtsschreiber bei den Amtsgerichten, sowie die Gerichtsvollzieher zuständig, Wechselproteste aufzunehmen; erstere sollen dies jedoch nur auf Anordnung des Richters thun. §§ 70, 74 des Ges. v. 24. April 1878 GS. S. 230 in der Fassung des preuß. Gesetzes über die freiw. Gerichtsbarkeit. Die Gerichtsvollzieher sind verpflichtet (§ 21 W.St.St.G.) die Besteuerung der bei ihnen vorkommenden Wechsel von Amtswegen zu prüfen und die zu ihrer Kenntniß kommenden Zuwiderhandlungen der zuständigen Behörde anzuzeigen.

**5.** R. des M. d. J. v. 3. Jan. 1870: Nach den Vorschriften in den §§ 20 und 21 des W.St.St.G. bleiben die Behörden und Beamten, denen eine richterliche oder Polizeigewalt anvertraut ist, auch nach dem 1. Jan. 1870 verpflichtet, die Versteuerung der bei ihnen vorkommenden Wechsel und Anweisungen zu prüfen und wahrgenommene Kontraventionen von Amtswegen zur Anzeige zu bringen. Nur insofern tritt eine erhebliche Aenderung ein, als fortan die Einleitung des administrativen Strafverfahrens nach § 18 des W.St.St.G. den Behörden der Verwaltung der indirekten Steuern obliegt. Nachdem diese letzteren von dem Herrn Finanzminister auf die ihnen auferlegten Verpflichtungen hingewiesen und unter dem 19. Dez. pr. mit einer Anweisung versehen sind (s. im Anhang Nr. 1), finde ich mich veranlaßt, die Behörden meines Ressorts auf die Fortdauer der Eingangs erwähnten Pflichten noch besonders aufmerksam zu machen. Ich veranlasse demnach die Königl. Regierung, sämmtliche Ihr nachgeordneten Behörden und Beamten, denen eine Polizeigewalt anvertraut ist, auf die bezüglichen Vorschriften des W.St.St.G. hinzuweisen, und denselben die sorgfältige Prüfung der bei ihnen vorkommenden Wechsel und Anweisungen mit Rücksicht auf ihre Stempelpflichtigkeit, sowie die Anzeige wahrgenommener Kontraventionen aufzugeben.

6. Das Protestregister hat öffentlichen Glauben, und die Eintragungen, welche in dasselbe unter Verantwortlichkeit des Notars und kraft seines Amtes geschehen, sind nicht blos als einfache unbeglaubigte Abschriften, sondern nach AGO. I. 10. § 123 als öffentliche Urkunden anzusehen. Dies gilt nicht nur von der nach Art. 88 der WO. in den Protest aufzunehmenden wörtlichen Abschrift des Wechsels, sondern nach § 21 Abs. 2 des W.St.St.G. auch von demjenigen, was in dem Protest über die geschehene Verwendung der Stempelmarke gesagt ist. R.G.E. 7./5. 1880. CBl. 1881 S. 102, 103.

7. Beglaubigte Wechselabschriften, welche bei Anzeigen von Zuwiderhandlungen gegen das W.St.St.G. der Steuerbehörde eingereicht werden, sind stempelfrei — Erklärung des Bundeskommissars bei der Berathung des Gesetzes im Reichstage. Stenogr. Ber. Bd. 2 S. 1206 ff.

§. **22.** **Das Bundespräsidium ist ermächtigt, wegen der Anfertigung und des Debits der Bundesstempelmarken und gestempelten Blankets, sowie wegen der Bedingungen, unter welchen für ver-**

dorbene Stempelmarken und Blankets Erstattung zulässig ist, die erforderlichen Anordnungen zu erlassen.

### Ausf.-B. zu §. 22 des Gesetzes.

Abgabenerstattung.

8. Für verdorbene Stempelmarken oder Vordrucke und für Marken, mit welchen demnächst verdorbene Schriftstücke versehen sind, kann Erstattung beansprucht werden, wenn der Schaden mindestens eine Mark beträgt und wenn von den Stempelzeichen oder den Schriftstücken, zu welchen sie verwendet sind, noch kein oder doch kein solcher Gebrauch gemacht worden ist, dem gegenüber durch die Erstattung das Steuerinteresse gefährdet erscheint. Es genügt, wenn der Werth der gleichzeitig zur Erstattung vorgelegten Stempelzeichen zusammen eine Mark beträgt, und es kommt nicht darauf an, ob die Beschädigung der einzelnen Stempelzeichen durch ein und dasselbe Ereigniss veranlasst oder auf verschiedene, von einander unabhängige Versehen oder Zufälle zurückzuführen ist.

9. Der Erstattungsanspruch ist bei der Postanstalt des Bezirkes innerhalb eines Monats, nachdem der Schaden dem Berechtigten bekannt geworden ist, unter Beifügung der verdorbenen Stempelzeichen und Schriftstücke anzumelden. Ueber die Anträge entscheidet, falls sie einem Postamt erster oder zweiter Klasse unterbreitet sind, der Postamtsvorsteher. In zweifelhaften Fällen sowie allgemein seitens der übrigen Postanstalten ist die Entscheidung der in Ziffer 12 genannten Behörden einzuholen.

10. Die Frist zur Geltendmachung des Erstattungsanspruchs ist auch dann als gewahrt an-

zusehen, wenn die Erstattung bei einer nicht zuständigen Postanstalt oder einer Steuerstelle beantragt worden ist. Die Amtsstellen haben in diesem Falle den Antrag der zuständigen Behörde (Ziffer 9 Satz 1) zur Entscheidung vorzulegen.

11. Eine baare Zurückzahlung der entrichteten Abgabe findet nicht statt; die Erstattung erfolgt vielmehr im Wege des Umtausches, und zwar werden in der Regel für verdorbene Vordrucke Vordrucke, für verdorbene Marken Marken abgabefrei verabfolgt. Den Wünschen des Antragstellers hinsichtlich des Betrags der einzelnen Stücke ist thunlichst Rechnung zu tragen.

Die verdorbenen Stempelzeichen sind in Gegenwart von zwei Beamten zu vernichten.

12. Ueber Anträge auf Erstattung zu Unrecht entrichteter Abgabenbeträge entscheiden im Reichspostgebiete die Oberpostdirektionen, in Bayern das Oberpostamt, in Württemberg die Generaldirektion der Posten und Telegraphen.

§. **23.** **Die Vorschriften in** §. 23 **des Wechselstempelsteuergesetzes sind aufgehoben und ersetzt durch** §§. 275, 276, 364 **des Strafgesetzbuchs für das Deutsche Reich** (RGbl. 1876 S. 25 ff.); vgl. §. 2 Abs. 1 des Einf.-Ges. zum StGB. v. 31. Mai 1870 (RGBl. S. 195).

Die vorerwähnten Paragraphen des Strafgesetzbuchs lauten:

§. 275. Mit Gefängniß nicht unter drei Monaten wird bestraft, wer

1) wissentlich von falschem oder gefälschtem Stempelpapier, von falschen oder gefälschten

Stempelmarken, Stempelblanketten, Stempelabdrücken, Post- oder Telegraphen-Freimarken oder gestempelten Briefkuverts Gebrauch macht,

2) unechtes Stempelpapier, unechte Stempelmarken, Stempelblankette oder Stempelabdrücke für Spielkarten, Pässe oder sonstige Drucksachen oder Schriftstücke, ingleichen wer unechte Post- oder Telegraphen-Freimarken oder gestempelte Briefkuverts in der Absicht anfertigt, sie als echt zu verwenden, oder

3) echtes Stempelpapier, echte Stempelmarken, Stempelblankette, Stempelabdrücke, Post- oder Telegraphen-Freimarken oder gestempelte Briefkuverts in der Absicht verfälscht, sie zu einem höheren Werthe zu verwenden.

§. 276. Wer wissentlich schon einmal zu stempelpflichtigen Urkunden, Schriftstücken oder Formularen verwendetes Stempelpapier oder schon einmal verwendete Stempelmarken oder Stempelblankette, ingleichen Stempelabdrücke, welche zum Zeichen stattgehabter Versteuerung gedient haben, zu stempelpflichtigen Schriftstücken verwendet, wird, außer der Strafe, welche durch die Entziehung der Stempelsteuer begründet ist, mit Geldstrafe bis zu sechshundert Mark bestraft.

§. 364. Mit Geldstrafe bis zu einhundertfunfzig Mark wird bestraft, wer wissentlich schon einmal verwendetes Stempelpapier nach gänzlicher oder theilweiser Entfernung der darauf gesetzten Schriftzeichen, oder schon einmal verwendete Stempelmarken, Stempelblankette oder ausgeschnittene oder sonst abgetrennte Stempelabdrücke der im §. 276 bezeichneten Art veräußert oder feilhält.

§. 24. Die Vorschriften dieses Gesetzes kommen gleichmäßig zur Anwendung auf die an Ordre lautenden Zahlungsversprechen (Billets à Ordre) und die von Kaufleuten oder auf Kaufleute ausgestellten Anweisungen (Assignationen) jeder Art, auf Geldauszahlungen, Akkreditive und Zahlungsaufträge, gegen deren Vorzeigung oder Auslieferung die Zahlung geleistet werden soll, ohne Unterschied, ob dieselben in Form von Briefen oder in anderer Form ausgestellt werden.*)

Befreit von der Stempelabgabe sind:

1) die statt der Baarzahlung dienenden, auf Sicht zahlbaren Platzanweisungen und Checks (d i. Anweisungen auf das Guthaben des Ausstellers bei dem die Zahlungen desselben besorgenden Bankhause oder Geldinstitute), wenn sie ohne Accept bleiben; andernfalls muß die Versteuerung erfolgen, ehe der Acceptant die Platzanweisung oder den Check aus den Händen giebt.

In welchen Fällen auch Anweisungen, die an einem Nachbarorte des Ausstellungsortes zahlbar sind, den Platzanweisungen gleich-

*) Vgl. §§ 783 ff. BGB. und 363 HGB.

geachtet werden sollen, bestimmt der Bundesrath nach Maßgabe der örtlichen Verhältnisse;

2) Akkreditive, durch welche lediglich einer bestimmten Person ein nur im Maximalbetrage begrenzter oder unbeschränkter, nach Belieben zu benutzender Kredit zur Verfügung gestellt wird;

3) Banknoten und andere auf den Inhaber lautende, auf Sicht zahlbare Anweisungen, welche der Aussteller auf sich selbst ausstellt.

**Ausf.-B. zu §. 24 des Gesetzes.**

Steuerfreiheit der Platzanweisungen.

13. Im Sinne der Vorschrift im §. 24 Ziffer 1 des Gesetzes werden als ein Platz betrachtet die nachstehend aufgeführten Nachbarorte:

Aachen und Burtscheid,
Annaberg und Buchholz,
Aschaffenburg und Damm,
Berlin und die im Postverkehr als dessen Nachbarorte geltenden Ortschaften,
Bremerhaven, Geestemünde und Lehe,
Danzig, Langfuhr und Neufahrwasser,
Elberfeld und Barmen,
Hamburg, Altona und Wandsbek,
Hannover und Linden,
Mainz und Castel,
Mannheim, Ludwigshafen und Rheinau,
Nürnberg und Fürth,
Regensburg und Stadtamhof,
Saarbrücken und St. Johann,
Stuttgart und Cannstatt,
Thorn und Mocker,
Ulm und Neu-Ulm.

Uebergangs- und Schlussbestimmungen.

14. Diese Bestimmungen treten mit dem 1. April 1901 in Kraft.

Die der Beschreibung in Ziffer 2 nicht entsprechenden älteren Stempelzeichen dürfen noch bis zum 1. Oktober 1901 weiter verwendet werden. Nach diesem Zeitpunkt ist ihre Verwendung nicht mehr zulässig, doch ist es gestattet, sie bis zum 1. April 1902 bei den mit dem Verkaufe beauftragten Postanstalten gegen vorschriftsmässige Stempelzeichen umzutauschen.

15. Der Reichskanzler ist ermächtigt, wegen der Anfertigung und des Vertriebs der Stempelmarken und gestempelten Vordrucke sowie wegen der Bedingungen, unter welchen für verdorbene Stempelzeichen Erstattung zulässig ist, anderweite Anordnungen zu erlassen.

1. Anweisungen der Banquiers und Kaufleute an sich selber (Dispositionsscheine), wenn sie an Ordre lauten, unterliegen dem Wechselstempel. Erk. des OT. 15. Okt. 1875. GA. Bd. 23 S. 564.

2. Der kaufmännische Dispositionsschein ist eine Urkunde, in welcher ein Kaufmann als Aussteller einer bestimmten anderen Person gegenüber direkt sich zur Zahlung einer Geldsumme für haftbar erklärt — s. folg. Anm. — Es ist dabei gleichgültig, ob die Urkunde über ein bereits bestehendes oder ein neu zu errichtendes Schuldverhältniß ausgestellt wird. RGE. 15. April 1886. JMBl. S. 335.

3. Seit dem Erlaß des W.St.St.G. können die sogenannten Dispositionsscheine der Banquiers und Kaufleute, — wenn nicht als Zahlungsversprechen, so doch als Anweisungen im Sinne des Sprachgebrauchs des Wechselstempelgesetzes — (cfr. § 24 Abs. 1 in Verbindung mit Nr. 1 der Befreiungen daselbst) — nur noch mit dem Wechselstempel belegt werden, wenn es sich dabei

um wahre Zahlungen handelt. FMR. v. 12. Nov. 1874 im Einverständniß des JM. CB. 1875 S. 21.

Abändernd bestimmt jedoch das FMR. v. 15. Jan. 1876. CB. S. 69: In dem Erkenntniß des Königl. Ober-Tribunals v. 15. Okt. v. J. — oben Anm. 1 — ist angenommen worden, daß Anweisungen eines Kaufmannes an sich selbst, sofern sie nicht an Ordre lauten, dem Werthstempel für Schuldverschreibungen unterliegen; die über die Versteuerung der sogenannten Dispositionsscheine der Kaufleute erlassene diesseitige Verfügung v. 12. Nov. 1874 erleidet hiernach eine Einschränkung dahin, daß nur die ausdrücklich auf Ordre ausgestellten Dispositionsscheine mit dem Wechselstempel zu versteuern sind.

In dem Erk. des OT. 20. Jan. 1870. OR. Bd. 11. S. 46 heißt es: „Unter einem Dispositionsschein, wie ihn die Kabinets-Ordre v. 4. Sept. 1823 — im § 25 des Preuß. Stempelsteuerges. aufgehoben — im Auge hat, ist ein Papier verstanden, in welchem der Aussteller sich selbst direkt haftbar macht, bei sich selbst Geld oder Waaren einem Anderen zur Disposition stellt, also das, was Art. 301 des Handelsgesetzbuchs — jetzt § 363 — einen Verpflichtungsschein nennt; ein solcher Schein wurde den Schuldverschreibungen in der Besteuerung gleichgestellt, da er sich von denselben nur durch die mangelnde Angabe der causa debendi unterschied" 2c. — Vergl. Tarifstelle 58 Ziffer II des Preuß. Stempelsteuerges.

4. Die den Wechselstempel betreffenden gesetzlichen Vorschriften gelten auch für kaufmännische Anweisungen [jetzt lediglich für Anweisungen von Kaufleuten oder auf Kaufleute], sollte darin der Zahlungsauftrag auch nur „für den Benutzungsfall" ertheilt sein (zumal jede Anweisung, auch wenn sie die Worte „im Benutzungsfalle" nicht enthalte, nach der Natur der Sache nur dann wirksam werde, wenn der Inhaber davon

Gebrauch mache und nicht etwa sie dem Aussteller unbenutzt zurückgebe). Erk des OT. 20. Jan. 1870. OR. Bd. 11 S. 46.

5. Quittungen über Waarenkaufpreise, die in Erwartung der Zahlung der letzteren unter Einwirkung eines späteren Datums ausgestellt und unter dritten Personen in Umlauf gesetzt werden, um am Fälligkeitstage den Waarenkäufern zur Einlösung vorgelegt zu werden, unterliegen als Anweisungen nicht dem Wechselstempel. FME. 18. Febr. 1901. III 2146.

6. Anweisungen von Beamten des Auswärtigen Amts, auf die Legationskasse dieses Amts ausgestellt, sind auch dann nicht stempelpflichtig, wenn sie an Ordre lauten und mit Indossamenten von Kaufleuten versehen werden, weil die Stempelpflichtigkeit von Anweisungen ausdrücklich auf solche beschränkt ist, welche von Kaufleuten oder auf Kaufleute ausgestellt sind. Vfg. d. PStD. zu B. v. 14. März 1895.

7. Die Worte „die statt der Baarzahlung dienenden" und „auf Sicht zahlbaren" beziehen sich, wie auch das RGer. in seinem Urtheile v. 11. Okt. 1888. — Entsch. Bd. 18 S. 154 — angenommen hat, nicht nur auf „Platzanweisungen", sondern auch auf „Checks".

Voraussetzung der Steuerfreiheit ist also, daß eine statt der Baarzahlung dienende, auf Sicht zahlbare Anweisung auf das Guthaben des Ausstellers bei dem die Zahlung desselben besorgenden Bankhause oder Geldinstitute, welche ohne Accept bleibt, vorliegt.

Die inkriminirte Urkunde, in welcher festgestelltermaßen die Firma N. N. die Bank anweist, dem Vorzeiger der Urkunde eine bestimmte Geldsumme für Rechnung der anweisenden Firma zu zahlen, ist nun unzweifelhaft und unangefochten eine ohne Accept gebliebene, auf Sicht zahlbare Anweisung.

„Statt der Baarzahlung dient" eine solche Anweisung, wenn der Aussteller derselben ein Guthaben bei der bezogenen Bank wirklich gehabt hat und ein Checkvertrag zwischen jenem und der Bank vorausgegangen ist, mittelst dessen diese der die Anweisung ausstellenden Firma das Recht eingeräumt hat, über ihr Guthaben in beliebigen Theilbeträgen mittelst Zahlungsanweisung durch Dritte zu verfügen. Daß für die Firma N. N. bei der Bank ein „Guthaben" wirklich vorhanden war, ist vom Berufungsrichter, der den Begriff des „Guthabens" im Sinne des § 24 a. a. O. nicht verkennt, ohne ersichtlichen Rechtsirrthum festgestellt worden, ebenso, daß die gedachte Firma ihrem Gläubiger die Urkunde an Zahlungsstatt gegeben hat.

Aus diesem Grunde kann es auch dahin gestellt bleiben, ob die Worte des Gesetzes „statt der Baarzahlung dienenden" für gleichlautend mit der Hingabe an Zahlungsstatt oder nur mit der Hingabe Zahlungshalber zu erachten sind.

Für rechtsirrthümlich ist es auch nicht zu erachten, wenn der Berufungsrichter ferner festgestellt hat, daß der erforderliche Checkvertrag, welcher nach den von ihm angeführten gesetzlichen Vorschriften auch durch konkludente Handlungen geschlossen werden konnte, vorhanden war und daß die Bank die Zahlungen der Firma N. N. besorgte. Er hat daher in der inkriminirten Urkunde ohne Rechtsirrthum eine Anweisung auf das Guthaben der Ausstellerin bei der Bank erblickt. RGE. v. 6. Jan. 1890.

8. Daß das Schriftstück sich selbst als Platzanweisung oder Check bezeichne, ist zur Begründung der Steuerfreiheit nicht erforderlich. Es genügt, wenn die im Gesetz bezeichneten Bedingungen der Steuerfreiheit aus dem Inhalt der Urkunde sich ergeben. FME. 31. März 1884. III 3762.

9. Eine statt der Baarzahlung dienende auf Sicht zahlbare Anweisung auf das Guthaben des Ausstellers

bei dem die Zahlungen desselben besorgenden Bankhause oder Geldinstitute (Check) unterliegt, wenn dieselbe ohne Accept bleibt, der Wechselstempelabgabe nicht. Es kommt nach § 24 Nr. 1 des W.St.St.G. nicht darauf an, ob die fragliche Anweisung sich selbst Check nennt oder nicht, oder ob aus ihrem Kontext die Eigenschaft des Bezogenen als „die Zahlungen des Ausstellers besorgenden" Banquier förmlich zu ersehen ist oder nicht, und es ist auch kein gesetzliches Unterscheidungsmerkmal des stempelfreien Checks, daß er ausschließlich auf den Namen des Nehmers (Assignatars) und nicht zugleich an dessen Ordre lautet. — RGE. 11. Okt. 1888. Entsch. i. Straff. Bd. 18 S. 154. — Ebenso ist entschieden durch Erk. des Kammerger. v. 6. Sept. 1889.

**10.** Unter den in der Befreiungsvorschrift 1 des § 24 W.St.St.G. als stempelfrei bezeichneten Checks sind, entsprechend der dort beigefügten Begriffsbestimmung, nur Anweisungen auf das Guthaben des Ausstellers bei dem dessen Zahlungen besorgenden Bankhause oder Geldinstitut zu verstehen, so daß Anweisungen auf das Guthaben des Ausstellers bei einem Privatmann, der Inkassi für ihn besorgt, nicht unter den Begriff der Checks fallen. FME. v. 19. Dez. 96. III 17126.

**11.** Das Gesetz verlangt für den Check, wenn er steuerfrei sein soll, ausdrücklich, daß er eine Anweisung auf das Guthaben des Ausstellers sein müsse. Wenn daher der Richter verlangt, daß dieses Erforderniß aus dem Check selbst hervorgehen müsse, so geht er nicht über die Requisite hinaus, welche das Gesetz verlangt, sondern er fordert nur das, was auch das Gesetz ausdrücklich fordert. RBE. v. 28. Mai 1892, CBl. für 1893 S. 46/47.

**12.** Der Ausdruck „Guthaben" ist nicht blos auf ein baares Guthaben des Checkausstellers bei seinem Banquier zu beschränken, dieses Guthaben kann vielmehr auch in Werthpapieren, Depositen und selbst in einem von dem Banquier dem Checkaussteller eröffneten Kredit bestehen.

Würde ein Check über einen Betrag lauten, der das dem Aussteller zustehende Guthaben übersteigt, so würde nicht blos in Höhe des Mehr, sondern in Höhe der ganzen Checksumme der Wechselstempel fällig sein; dem Aussteller bleibt in Fällen dieser Art überlassen, zwei Checks auszustellen, von denen der eine über das Guthaben lautend dann steuerfrei wäre. FME. v. 29. Jan. 1901. III 1176. — Vgl. Entsch. in Str.S. Bd. 18 S. 158.

**13.** Für die Anwendbarkeit der Bestimmungen über die Stempelfreiheit der Checks macht es keinen Unterschied, ob der Aussteller sein Guthaben auf einmal oder in mehreren Einzelbeträgen abhebt. Ein Check liegt auch dann vor, wenn er auf Grund eines von einem Dritten gestellten Accreditivs gezogen ist. FME. v. 11. Juli 1893. III 8637. -- Vgl. auch Entsch. in Str.S. Bd. 18 S. 158.

**14.** Der zu einem Giro auf einem sonst von dem Wechselstempel befreiten Check hinzugefügte Zusatz „innerhalb .... Tagen zur Zahlung vorzulegen" begründet eine Stempelpflichtigkeit des Checks nicht. Vfg. d. PStD. zu B. v. 28. April 1894.

**15.** Die den Checks im § 24 Abs. 2 des W.St.St.G. zugestandene Stempelfreiheit steht auch den vom Inlande auf das Ausland oder umgekehrt gezogenen Checks ohne Rücksicht auf deren ferneren Umlauf zu. FME. 5. Juli 1883. III 8796.

**16.** Die Steuerfreiheit von Platzanweisungen oder Checks wird dadurch nicht ausgeschlossen, daß dieselben an Order gestellt sind und später an andere Personen oder in Blanko indossirt werden. Erk. des ROHGer. v. 24. Okt. 1875. Entscheidungen desselben Bd. 19 S. 72.

**17.** Die Entscheidung des vormaligen Reichsoberhandelsgerichts v. 24. Okt. 1875, wonach die Befreiungsvorschrift des § 24 Abs. 2 Ziff. 1 des W.St.St.G. auch den auf Order gestellten Platzanweisungen und Checks zu Gute kommt, ist nach Lage der Gesetzgebung als gerechtfertigt anzusehen. Hiervon abzugehen, muß Bedenken getragen werden, da weder die Motive des dem Reichstage vorgelegten Gesetzentwurfes, noch die in dem angezogenen Paragraphen vorkommenden Worte „zur Baarzahlung dienend“ mit hinreichender Deutlichkeit erkennen lassen, daß auf Order gestellte Platzanweisungen und Checks von der Befreiung haben ausgeschlossen werden sollen. FME. v. 17. Nov. 1884. III 14181.

§. 25. Die in den Staaten des Norddeutschen Bundes bestehenden Stempelabgaben von Wechseln, Anweisungen und diesen gleichgestellten Papieren (§. 24) werden aufgehoben.

Auch von den auf Wechsel oder Anweisungen und diesen gleichgestellte Papiere gesetzten Indossamenten, Giro's und anderen Wechselerklärungen, Quittungen und sonstigen auf die Leistungen aus dem Wechsel bezüglichen Vermerken dürfen landesgesetzliche Stempelabgaben nicht weiter erhoben werden.

1. Zu dem auf dem Wechsel befindlichen Beglaubigungsattest ist mit Recht der für amtliche Atteste in Privatsachen vorgeschriebene preußische Stempel von 1,50 Mk. nachverlangt worden, da die Bestimmung des § 25 Abs. 2 des W.St.St.G., wonach von den auf Wechsel gesetzten Indossamenten u. s. w. landesgesetzliche Stempelabgaben nicht weiter erhoben werden sollen, auf Unterschrifts-Beglaubigungen keine Anwendung finden kann, da diese nicht zu den Vermerken der dort bezeichneten Art gehören. FME. v. 21. Juli 1891. III 10308.

Sola-Wechsel.

Für Mark ..........................

Gegen diesen meinen Sola-Wechsel zahle ich

am ..........ten .......................................... 19..........

an die Ordre ..........................................

die Summe von ..........................................

den Werth habe ich baar erhalten und acceptire auf mich selbst.

Zur mehreren Sicherheit übergebe ich und verpfände ich .......................... nachstehendes Dokument.

Ich willige darin, daß mein Creditor oder dessen Rechtsnachfolger für den Fall ich zur Verfallzeit nicht prompte Zahlung leiste sich sofort und ohne Weiteres aus dem übergebenen Pfande an Kapital, Zinsen und allen Kosten der Beitreibung des Kapitals und der Zinsen bezahlt mache und entsage dem mir nach § 46 Tit. 20 Thl. I d. A.L.R. zustehenden Rechte, verlangen zu dürfen, daß der Gläubiger seine Befriedigung aus dem bestellten Pfande suchen müsse, sondern überlasse es demselben, sich auch an mein sonstiges Vermögen und an meine Person zu halten.

.......................... den ..........ten .......................... 19..........

Nr. ..........

2. Zu trocknen Wechseln nach Art des vorstehenden Musters, in denen der Aussteller zur Sicherung des Wechselgläubigers eine Urkunde verpfändet, kann ein weiterer Stempel, als der Wechselstempel, nicht verlangt werden. Der Erhebung eines Sicherstellungsstempels (Tarifst. 59 des Preuß. Stempelsteuerg. 31. Juli 1895) für die Verpfändungserklärung würden die Vorschriften des § 25 Abs. 2 des W.St.St.G. und der Tarifst. 59 Abs. 2 des cit. Ges. vom 31. Juli 1895 entgegenstehen. FME. v. 7. Okt. 1898. III 13856.

3. Die Vorschrift des § 25 Abs. 2 W.St.St.G. kann auf vollständige Wechsel eingeschränkt werden; die Verpfändungserklärungen in unvollständigen aber versteuerten Wechseln sind deshalb nicht landesstempelpflichtig. FME. f. u. 28. 5. 97 III 2797.

Erklären aber die Wechselbürgen auf trocknen Wechseln mit dem Hauptschuldner solidarisch auch im Fall der Prolongation und nach Ablauf der Wechselverjährungsfrist bis zur Zahlung der ganzen Schuld haften zu wollen, so würde der Sicherstellungsstempel fällig sein, wenn nicht Abs. 2 der Tarifstelle 59 des Landesstempelgesetzes entgegenstände. FME. 1. Okt. 1897 III 12488.

§. 26. Subjektive Befreiungen von der Bundesstempelabgabe finden nicht statt.

Für die Aufhebung der in den einzelnen Staaten des Bundes bestehenden subjektiven Befreiungen von der Wechselstempelsteuer, welche auf lästigen Privatrechtstiteln beruhen, wird, insoweit dieselben nach den Landesgesetzen nicht ohne Entschädigung aufgehoben werden können, aus der Bundeskasse Entschädigung geleistet. Sind in den der Befreiung zum Grunde liegenden Verträgen, Spezialprivilegien und sonstigen Rechtstiteln Bestimmungen über die Art und Höhe der Entschädigung enthalten, so behält es dabei sein Bewenden.

Anderenfalls wird bis zum Erlöschen der Befreiung dem Berechtigten der Stempelbetrag, welchen er nach Vorschrift dieses Gesetzes entrichtet hat, auf Grund periodischer Nachweisung aus der Bundeskasse erstattet. Die Aufstellung und Prüfung der periodischen Nachweisungen erfolgt nach den von dem Bundesrathe hierüber zu erlassenden näheren Anordnungen.

Für Stempelbeträge, deren Erstattung der Berechtigte von anderen Theilnehmern am Umlaufe des Wechsels oder von seinen Kommittenten zu fordern hat, wird in keinem Falle aus der Bundeskasse Entschädigung gewährt.

§. 27. Jedem Bundesstaate wird von der jährlichen Einnahme für die in seinem Gebiete debitirten Wechselstempelmarken und gestempelten Blankets bis zum Schlusse des Jahres 1871 der Betrag von 36 Prozent, bis zum Schlusse des Jahres 1873 der Betrag von 24 Prozent, bis zum Schlusse des Jahres 1875 der Betrag von 12 Prozent und von da ab dauernd der Betrag von 2 Prozent aus der Bundeskasse gewährt.

§. 28. Die zur Ausführung dieses Gesetzes nöthigen Bestimmungen werden vom Bundesrathe getroffen.

§. **29.** Dies Gesetz tritt mit dem 1. Januar 1870 in Kraft.

In Betreff aller vor diesem Tage ausgestellten inländischen oder von dem ersten inländischen Inhaber aus den Händen gegebenen ausländischen Wechsel kommen noch die bisherigen landesgesetzlichen Vorschriften zur Anwendung.

Urkundlich unter Unserer Höchsteigenhändigen Unterschrift und beigedrucktem Bundes-Insiegel.

Gegeben Berlin, den 10. Juni 1869.

(L. S.) **Wilhelm.**

Gr. v. Bismarck-Schönhausen.

# Anhang

## enthaltend einzelne das Strafverfahren wegen Wechselstempelhinterziehung betreffende Vorschriften.

---

**1.** Anweisung des FM. v. 19. Dez. 1869, betreffend das Strafverfahren wegen Wechselstempelhinterziehung nach dem Bundesgesetz v. 10. Juni 1869. CBl. 1870 S. 136.

1. Das Strafverfahren wegen Wechselstempelhinterziehung ist einzuleiten, wenn ein steuerpflichtiger Wechsel oder eine steuerpflichtige Anweisung
   a) überhaupt nicht oder
   b) mit einem geringeren als dem gesetzlich erforderlichen Abgabenbetrage oder
   c) nicht rechtzeitig

   versteuert ist.
2. Welche Wechsel und Anweisungen steuerfrei sind, ist im § 1 unter Nr. 1 und 2 und im § 24 des Gesetzes bestimmt.

   Zur Erläuterung wird darauf hingewiesen, daß nach dem Sprachgebrauch des Gesetzes das ganze Gebiet des Norddeutschen Bundes, mit Ausnahme der Hohenzollernschen Lande, als Inland und im Gegensatze hierzu die Hohenzollernschen Lande und alle Orte außerhalb des Bundesgebietes als Ausland bezeichnet werden.

(Vgl. Note bei § 1 des Ges.) In Betreff der Gebiete der einzelnen Bundesstaaten findet hiernach bezüglich des Wechselstempels kein Unterschied statt. Es ist also z. B. ein von Leipzig auf Bremen gezogener Wechsel im ganzen Bundesgebiet als ein inländischer zu behandeln und die etwa hinsichtlich desselben entdeckte Wechselstempelhinterziehung eintretenden Falles von den dazu berufenen Preußischen Behörden ebenso zu verfolgen, als wenn dieselbe bei einem Wechsel vorgekommen wäre, der von einem Preußischen Orte auf einen Preußischen Ort gezogen worden.

3. Mit der aus Vorstehendem sich ergebenden Maßgabe ist die bisherige Stempelfreiheit der vom Auslande auf das Ausland gezogenen Wechsel (der sogenannten Transito-Wechsel) im § 1 unter Nr. 1 beibehalten.

4. Die Stempelfreiheit ist ferner unter gewissen Beschränkungen und Bedingungen auch auf Wechsel, welche vom Inlande auf das Ausland gezogen sind, ausgedehnt. Hinsichtlich derselben ist insbesondere Folgendes zu beachten:

   a) Die Befreiung bezieht sich überhaupt nur auf Wechsel, die auf Sicht oder spätestens innerhalb 10 Tagen nach dem Tage der Ausstellung zahlbar sind. Hierdurch sind alle Wechsel, deren Zahlungszeit auf eine beliebig bestimmte Frist nach Sicht, oder sonst auf irgendwie bestimmten späteren als den zehnten Tag nach der Ausstellung festgesetzt ist, von der Befreiung ausgeschlossen.

   b) Auch jene unter a bezeichneten Wechsel, auf welche sich die Befreiung bezieht, sind nur unter der Bedingung steuerfrei, daß sie vom Aussteller direkt in das Ausland remittirt werden. Jede vorgängige Betheiligung einer anderen inländischen Person oder Firma hebt den Anspruch auf Befreiung von der Steuer auf und stellt den betreffenden Wechsel allen anderen stempelpflichtigen Wechseln gleich.

5. Die bisherige Befreiung der Wechsel und Anweisungen über Beträge von weniger als 50 Thaler ist aufgehoben.

6. Der gesetzlich erforderliche Betrag der Stempelabgabe ist nach den Vorschriften in den §§ 2 und 3 des Gesetzes und den vom Bundesrathe erlassenen Ausführungs-Anordnungen zu berechnen.

Ist von einem Wechsel ein geringerer als der erforderliche Stempelbetrag entrichtet, so ist die Wechselstempel-Hinterziehung nur hinsichtlich des noch fehlenden Betrages zu verfolgen (§ 15 des Gesetzes). Jedem späteren Inhaber eines nicht vollständig versteuerten Wechsels ist gestattet, die von seinen Vordermännern zu wenig entrichtete Steuer durch Kassirung der den fehlenden Betrag darstellenden Bundesstempelmarken nachzuentrichten und dadurch sich und etwaige spätere Hintermänner vor den Folgen der Hinterziehung zu schützen. Auf die von den Vordermännern verwirkte Strafe hat dies jedoch keinen Einfluß (§ 11 a. E.).

7. Der Zeitpunkt, bis zu welchem die Versteuerung erfolgen muß, um dem Erforderniß der Rechtzeitigkeit zu genügen (§ 15 zweiter Absatz) ist in den §§ 6 bis 11 des Gesetzes näher bestimmt. Danach müssen:

a) inländische Wechsel von dem Aussteller, ausländische Wechsel von dem ersten inländischen Inhaber versteuert werden, und zwar vor jeder weiteren Aushändigung.*)

Eine Ausnahme hiervon tritt nur rücksichtlich der Versendung zum Accept ein. Will der Aussteller des inländischen oder der erste inländische Inhaber des ausländischen Wechsels sich über dessen Annahme vergewissern, so kann er vor der Versteuerung, aber nur bevor irgend ein inländisches Indossament auf den Wechsel

---

*) Cirk.-R. des FM. v. 6. Aug. 1878. CBl. S. 198, JMBl. S. 128. Es ist hier zur Sprache gebracht worden, daß Preußische Steuerbehörden bei Beurtheilung der Versteuerung der im Auslande auf das Inland gezogenen, schon im Auslande mit den erforderlichen, regelrecht kassirten Stempelmarken versehenen Wechseln von der Ansicht ausgehen, daß nur die nach den §§ 4 und 5 des WStStG. für die Entrichtung der Abgabe verhafteten Theilnehmer am Umlauf eines Wechsels zur Verwendung von Stempelmarken berechtigt seien. Diese Auffassung wird Seitens des Herrn Reichskanzlers, sowie des Herrn Justizministers, und auch diesseits nicht getheilt: es wird vielmehr angenommen, daß dem Gesetze Genüge geschehen ist, wenn der im Auslande ausgestellte Wechsel vom ausländischen Aussteller unmittelbar auf einem, den erforderlichen Reichsstempel eingedruckt tragenden Blanket niedergeschrieben oder von dem Aussteller oder einem sonst am Umlaufe des Wechsels betheiligten Ausländer mit Reichsstempelmarken zum gesetzlichen Betrage in vorschriftsmäßiger Weise versehen worden ist. Die Bestimmung unter 7a. der Anweisung v. 19. Dez. 1869, betr. das Strafverfahren wegen Wechselstempel-Hinterziehungen, hat etwas von dem angedeuteten Grundsatze Abweichendes nicht verordnen wollen.

gesetzt wird, die Versendung zum Accept vornehmen (§ 7 erster Absatz). Jede andere und jede den vorstehenden Erfordernissen nicht entsprechende Disposition, bei welcher der unversteuerte Wechsel von dem Aussteller beziehungsweise dem ersten inländischen Inhaber aus den Händen gegeben wird, zieht die Strafe der Wechselstempel-Hinterziehung nach sich.

b) Der inländische Acceptant eines noch nicht versteuerten Wechsels muß dessen Versteuerung bewirken, ehe er seinerseits denselben zurückgiebt oder anderweit aushändigt.

Der Einwand, daß das mit der Annahme-Erklärung versehene Exemplar nicht zum Umlaufe im Bundesgebiete bestimmt sei, kommt dem Acceptanten nur dann zu Statten, wenn die Rückseite des acceptirten Exemplars vor der Rückgabe dergestalt durchkreuzt wird, daß dadurch die weitere Benutzung desselben zum Indossiren ausgeschlossen ist (§ 7 Absatz 2). Der bisher nicht selten gemachte Einwand, daß ein Wechsel zur Zeit des Accepts noch nicht vollständig ausgefüllt gewesen oder noch nicht vom Aussteller vollzogen oder sonst mangelhaft gewesen sei, ist für die Zukunft durch § 16 des Gesetzes ausgeschlossen.

8. Haben die in erster Linie zur Versteuerung des Wechsels Verpflichteten (vorstehend unter Nr. 7 a und b) dieser Verpflichtung nicht genügt, so geht dieselbe nach § 11 des Gesetzes auf den nächsten und jeden ferneren inländischen Inhaber des Wechsels über, so lange die Versteuerung nicht nachgeholt ist.

Aus der Verbindung der Vorschriften in den §§ 4, 5 und 11 des Gesetzes ergiebt sich, daß auch die späteren Inhaber für die Entrichtung des

Wechselstempels ohne Weiteres solidarisch haften, daß mithin der der Bundeskasse entzogene Abgabenbetrag jederzeit von den letzten oder einem früheren Inhaber erfordert und derselbe zur Besteuerung des Wechsels angehalten werden kann, so lange diese nicht bewirkt ist.

Die Strafe der Wechselstempel-Hinterziehung trifft aber den späteren Inhaber nicht, wenn er die Versteuerung bewirkt, ehe er eine der im § 11 bezeichneten Handlungen mit demselben vornimmt (Unterzeichnung, Indossirung, Veräußerung, Verpfändung, Aushändigung u. s. w.).

Wegen der näheren Bestimmung des Ausdrucks „Inhaber des Wechsels" wird auf den § 5 des Gesetzes verwiesen. Einerseits ist über den Kreis der aus dem Wechsel selbst ersichtlichen Theilnehmer am Umlaufe hinausgegriffen, indem die Verantwortlichkeit für den Stempel und die eventuelle Strafbarkeit auf diejenigen ausgedehnt worden, welche den Wechsel erwerben, veräußern, verpfänden, als Sicherheit annehmen u. s. w., ohne daß ihr Name oder ihre Firma auf den Wechsel gesetzt wird (z. B. im Falle eines Blanko-Indossaments); andererseits macht fortan die Präsentation zur Annahme allein, wenn der Präsentant nicht in anderer Weise oder in anderer Eigenschaft noch betheiligt ist, denselben nicht für den Stempel verantwortlich.

Wer dagegen das acceptirte Exemplar in Verwahrung genommen hat (zur Disposition des Umlaufs-Exemplars oder der umlaufenden Kopie), unterliegt der Verantwortlichkeit für die Versteuerung des Wechsels nach dem § 12 des Gesetzes.

9. Nach den Vorschriften in den §§ 8 bis 10 des Gesetzes bewendet es bei der Regel, daß die Stempelabgabe von den in mehreren Exemplaren

ausgefertigten Wechseln nur einmal und zwar von demjenigen Exemplar zu entrichten ist, welches zum Umlaufe bestimmt ist. Die Steuerfreiheit der Duplikate und der Wechselkopien ist jedoch ausgeschlossen:

a) wenn sich auf denselben eine Wechselerklärung — mit Ausnahme des Accepts und der Nothadressen — befindet, die nicht auch auf ein nach Vorschrift des Gesetzes versteuertes Exemplar gesetzt ist. Unter dem der Allgemeinen deutschen Wechselordnung geläufigen Ausdrucke „Wechselerklärung" ist jede Erklärung zu verstehen, welche wechselmäßig verpflichtet, z. B. Indossament, Bürgschaft (vgl. Art. 85, 94 u. f.); die Annahme-Erklärung ist hiervon ausgenommen, weil hinsichtlich derselben im § 7 (zweiter Absatz) die erforderliche besondere Bestimmung enthalten ist. Zugleich sind auch Nothadressen als Ausnahme genannt, um jeden Zweifel hierüber auszuschließen, obwohl diese streng genommen überhaupt nicht als Wechselerklärungen zu bezeichnen sind.

Hiernach ist zum Beispiel, wenn der Original-Wechsel zum Accept versandt und eine Kopie desselben zum Indossiren benutzt wird, die letztere zu versteuern, auch wenn von dem Original-Wechsel die Steuer bereits entrichtet war. Desgleichen ist, falls mehrere Exemplare desselben Wechsels an verschiedene Personen indossirt werden sollten (Art. 67 Nr. 1 der Wechselordnung), jedes dieser Exemplare steuerpflichtig. Ferner muß ein nicht zum Umlauf bestimmtes Exemplar, wenn auf demselben eine nicht auf das Umlaufs-Exemplar gesetzte Bürgschaftserklärung abgegeben werden sollte, versteuert werden, und dasselbe gilt, falls ein Duplikat des Wechsels, nachdem das ursprünglich zum Umlauf bestimmte Exemplar verloren oder in unrechte Hände gekommen sein sollte, zur weiteren Uebertragung benutzt wird u. s. w. Der Zeitpunkt, bis zu welchem die Versteuerung in Fällen der vorerwähnten Art bewirkt werden muß, um dem Erforderniß der Rechtzeitigkeit zu genügen, ist im § 9 im ersten Absatz bestimmt.

b) Die Steuerpflicht eines Duplikats tritt außerdem dann ein, wenn dasselbe ohne Auslieferung eines versteuerten Exemplars — letzteres mag verloren oder in unrechte Hände gegangen sein u. s. w. — bezahlt oder Mangels Zahlung protestirt wird (§ 9 zweiter Absatz).

10. In Betreff des Strafverfahrens und in allen übrigen Beziehungen wird auf die Bestimmungen des Gesetzes selbst verwiesen. Die festzusetzenden Geldbußen sind bis auf Weiteres ebenso zu verrechnen wie die auf Grund der bisherigen Stempelgesetze eingegangenen Wechselstempelstrafgelder.

**2.** Die auf die Handhabung eines Landes-Stempelgesetzes bezüglichen Vorschriften finden bei dem Wechselstempelgesetz keine Anwendung. Das gilt selbst von solchen Vorschriften, welche die Kompetenz in Betreff verübter Zuwiderhandlungen regeln. Erk. des OT. 9. April 1873. OR. Bd. 14 S. 269; ein Bankdirektor und ein Bankrendant hatten sich durch Indossament am Umlauf eines mit nicht vorschriftsmäßig kassirter Stempelmarke versehenen Wechsels betheiligt. In den Erk.-Gründen heißt es: Bezüglich der Strafverfolgung gegen Beamte kommen hier nicht § 30 Absatz 3 des Stempelges. v. 7. März 1822 und die Kab.-O. v. 28. Okt. 1836 u. 23. Dezbr. 1842 zur Anwendung, sondern lediglich die Strafbestimmungen des

Bundesges. v. 10. Juni 1869, welches im § 18 in Betreff der Feststellung, Untersuchung und Entscheidung wegen Wechselstempel-Hinterziehung auf das Verfahren wegen Vergehen gegen die Zollgesetze verweist, d. i. §§ 38 ff. des Zollstrafges. v. 23. Januar 1838, bei welchem es § 165 des Vereinszollges. v. 1. Juli 1869 beläßt. — Vergl. jetzt Gesetz betreffend das Verwaltungsstrafverfahren bei Zuwiderhandlungen gegen die Zollgesetze und die sonstigen Vorschriften über indirekte Reichs- und Landesabgaben vom 26. Juli 1897. GS. S. 237.

**3.** FMR. v. 26. Aug. 1873. CBl. S. 249: Der Bundesrath hat in der Sitzung vom 2. v. M. beschlossen, daß fortan die Dirigenten der Hauptämter befugt sein sollen, von der ihnen in Zollsachen zustehenden Befugniß, Anklageverhandlungen über Kleinigkeiten, bis zu 1 Thaler Gefälle höchstens, auf sich beruhen zu lassen, auch bezüglich der Anklageverhandlungen wegen Wechselstempel-Hinterziehungen Gebrauch zu machen, falls offenbar nur Versehen vorliegen und die Absicht der Steuerhinterziehung ausgeschlossen ist. Die Absicht ist hierbei hauptsächlich dahin gegangen, dem Uebelstande zu begegnen, daß auch wegen der geringsten Inkorrektheit bei Ausführung der Markenkassation Prozeß eingeleitet und die Defraudationsstrafe verhängt wurde, obgleich dies nach den obwaltenden Umständen als eine offenbare Härte von allen Seiten erkannt werden mußte. Um den beabsichtigten Zweck zu erreichen, ohne die Sicherheit des Steuerinteresses zu gefährden, ist es nothwendig, daß die Hauptamtsdirigenten sich mit dem Sinn und Zusammenhang der einzelnen Vorschriften über die Verwendung der Stempelmarken zu Wechseln genau vertraut machen, in jedem einzelnen Falle, wo die Abstandnahme von der Strafverfolgung in Frage kommt, die obwaltenden thatsächlichen Verhältnisse gewissenhaft und unparteiisch prüfen und von der ihnen ertheilten Ermächtigung mit Umsicht Gebrauch machen. Die Hauptamtsdirigenten haben jeden derartigen Fall in einer besonderen tabellarischen Nachweisung unter kurzer Angabe des Thatbestandes der angezeigten Kontravention und der Motive für die Abstandnahme von der Strafverfolgung einzutragen und dieselbe in den nach den Umständen zu bestimmenden periodischen Terminen (etwa halbjährlich) der vorgesetzten Provinzialbehörde vorzulegen. Letztere hat die Nachweisungen einer sorgfältigen Prüfung zu unterwerfen, wobei auch darauf zu achten bleibt, daß in den einzelnen Hauptamtsbezirken nicht offenbare Ungleichheiten Platz greifen, indem in dem einen ein sehr ausgedehnter, in dem andern ein sehr beschränkter Gebrauch von der in Rede stehenden Befugniß unter gleichartigen Verhältnissen gemacht wird. Seitens der Provinzialbehörden ist in den Erläuterungen zu der Prozeß-Statistik dieser Gegenstand besonders zu berücksichtigen und über Anzahl der Fälle, in welchen die Abstandnahme stattgefunden hat, und die bezüglichen Wahrnehmungen das Geeignete anzuführen. Die Hauptamtsdirigenten des Verwaltungsbezirks sind hiernach mit der erforderlichen Anweisung zu versehen. — Vgl. jetzt den Allerhöchsten Erlaß v. 26. Sept. 1897, in Betreff der Uebertragung von Strafniederschlagungs- und Strafmilderungsbefugnissen — GS. S. 402 — und die Allg. Verf. v. 6. Okt. 1897 — CBl. S. 408 — über die Weiterübertragung von Strafniederschlagungs- und Strafmilderungsbefugnissen in Zoll- und Steuersachen und über Vorlegung von Nachweisungen, welche letztere Verf. einen Theil der Nr. 14 der Dienstvorschriften zur Ausführung des Preuß. Stempelsteuerges. v. 31. Juli 1895 bildet.

**4.** FMR. v. 9. Sept. 1870 betr. die allgemeine Verpflichtung der Gerichte zur Wahrnehmung des Bundes-Stempelsinteresses. CBl. S. 365:

Die Strafe der Wechselstempel-Hinterziehung besteht ausschließlich in der im § 15 des Gesetzes vorgeschriebenen

Geldbuße. Nur diese Geldbuße fällt nach § 18 dem Fiskus desjenigen Staates zu, von dessen Behörden die Strafentscheidung erlassen ist. Die etwaige Verpflichtung des Kontravenienten zur Nachentrichtung der zur Bundeskasse fließenden Wechselstempelabgabe ist weder Gegenstand der Strafentscheidung, noch bei der Prozeßgelder-Buchung und -Verrechnung überhaupt zu berücksichtigen. Die Voraussetzung, daß der Kontravenient immer auch zur Nachentrichtung der Stempelabgabe verpflichtet sei, entbehrt der Begründung. Wenn der letzte Inhaber des Wechsels denselben versteuert hat, so sind nach § 11 des Gesetzes die Vordermänner zwar zur Strafe zu ziehen; von einer nochmaligen Einziehung der Steuer von einzelnen oder allen Vordermännern kann alsdann aber keine Rede sein. In diesem Betracht ist es mithin zufällig, ob neben der Einleitung des Strafverfahrens überhaupt noch die Einziehung des Stempels zu dem Wechsel zu betreiben ist oder nicht; unter allen Umständen wird die Steuerbehörde nur auf Grund der ihr im § 20 des Gesetzes hinsichtlich der Beaufsichtigung der Bundesstempelabgabe, nicht aber auf Grund der ihr im § 18 hinsichtlich der Untersuchung und Entscheidung der Wechselstempel-Hinterziehungen auferlegten Verpflichtungen und eingeräumten Rechte dafür zu sorgen haben, daß der hinterzogene Steuerbetrag, falls er nicht bereits von einem späteren Wechselinhaber entrichtet ist, der Bundeskasse zugeführt werde. Soviel bisher wahrzunehmen Gelegenheit gewesen ist, werden die Steuerbehörden aber überhaupt nicht oft in die Lage kommen, die nachträgliche Versteuerung eines Wechsels zu veranlassen, da die überwiegende Mehrzahl der angebrachten Anzeigen wegen Wechselstempel-Hinterziehung sich auf Wechsel bezieht, welche bei den Gerichten vorgekommen sind, und die Gerichte selbst dafür zu sorgen haben, daß der etwa fehlende Stempel zu dem Wechsel verwendet wird.

Die von Ihnen ohne nähere Motivirung ausgesprochene Ansicht, daß den Gerichten die Beitreibung der Steuer nicht obliege, hat Veranlassung gegeben, dieserhalb mit dem Herrn Justiz-Minister in Einvernehmen zu treten, und eröffne ich Ew. 2c. im Einverständniß mit dem gedachten Herrn Minister hierüber Folgendes:

Wenn bei den Gerichten stempelpflichtige Wechsel vorkommen, welche noch nicht versteuert sind, so ist in Betreff der Nachbringung der Steuer ebenso zn verfahren, wie wenn eine nach dem Preußischen Stempelgesetz stempelpflichtige Privaturkunde ohne den erforderlichen Stempel bei Gericht eingereicht wird, d. h. es ist Seitens des Gerichts die Nachbringung des Stempels in natura zu verlangen und nöthigen Falles zu erzwingen, das nachgebrachte Stempelmaterial aber zu der Urkunde zu kassiren.*) Diese Verpflichtung der Gerichte ergiebt sich aus § 20 des Bundesgesetzes v. 10. Juni v. J. BGBl. S. 193. Da besondere Bundesbehörden zur Beaufsichtigung des Wechselstempels nicht bestellt werden konnten, so mußte darauf Bedacht genommen werden, in Betreff der Beaufsichtigung der Bundes-Stempelabgabe eine vollständige Gleichstellung derselben mit den Landes-Stempelabgaben der einzelnen Bundesstaaten eintreten zu lassen, insoweit nicht besondere Ausnahmen in dem Gesetz selbst vorgesehen sind. In der angezogenen Bestimmung (§ 20) ist zu dem Zwecke angeordnet, daß die in den einzelnen Staaten mit Beaufsichtigung des Stempelwesens beauftragten Behörden und Beamten die ihnen obliegenden Verpflichtungen auch hinsichtlich der Bundes-Stempelabgabe, und zwar mit gleichen Befugnissen, wie sie ihnen hinsichtlich der Landes-Stempelabgaben zustehen, wahrzunehmen haben.

---

*) Die Gerichte haben jetzt nur noch eine Anzeigepflicht. § 106 des Ausf.Ges. zum Ger.Verf.Ges. vom 24. 4. 78. § 30 Abs. 3 des Ges. v. 31. 7. 95 und § 20 der allgemeinen Ausführungsverf. v. 29. 2. 96 zu letzterem Gesetz.

Die Sorge für Nachbringung des fehlenden Stempels ist nicht etwa ein Ausfluß der Befugniß zur Festsetzung der Stempelstrafe, über welche im § 18 und 21 des Bundesgesetzes v. 10. Juni v. J. disponirt ist, sondern von letzterer durchaus unabhängig. Der § 21 regelte die Verpflichtung, begangene Stempelkontraventionen zu ermitteln und zur Anzeige zu bringen. Die dort angeordnete Prüfung der Versteuerung der bei den Gerichten vorkommenden Wechsel ist auch in denjenigen Fällen nothwendig, wo unzweifelhaft eine nachträgliche Versteuerung nicht gefordert werden kann, weil z. B. der letzte Inhaber den Wechsel — § 11 des Gesetzes — bereits versteuert hat, wo aber dessen ungeachtet die Vordermänner desselben die Strafe des § 15 verwirkt haben. Die Verpflichtung der Gerichte, den Vorschriften in den §§ 4 und 5 des Gesetzes entsprechend die nachträgliche Versteuerung eines noch unversteuerten Wechsels zu fordern, ist vielmehr ein Ausfluß der ihnen übertragenen Theilnahme an der allgemeinen Aufsicht über die Beobachtung der Stempelgesetze und der ihnen aufgelegten besonderen Verpflichtung, auf die Befolgung der Stempelgesetze zu halten.*) Zwischen der Verfolgung der Strafe der Wechselstempel-Hinterziehung, die lediglich in einer

*) Die Zuständigkeit der Gerichte, im Verwaltungswege Stempelstrafen festzusetzen, ist seitdem durch § 106 des Ausf.Ges. zum Ger.Verf.Ges. v. 24. April 1878 (GS. S. 230) aufgehoben. Die Gerichte sollen aber die zu ihrer amtlichen Kenntniß gelangenden Zuwiderhandlungen gegen die Stempelgesetze bei der für die Untersuchung und Straffestsetzung zuständigen Behörde zur Anzeige bringen. — Vergl. auch Allg. Verf. des Justizministers v. 29. Febr. 1896. § 20 Abs. 1 (JMBl. S. 63 ff.) zur Ausführung des Preuß. Stempelsteuerges. v. 31. Juli 1895 und § 30 Abs. 3 dieses letzteren Ges.

zur Landeskasse (§ 18) fließenden Geldbuße besteht, und der Sorge für Nachbringung des der Bundeskasse vorenthaltenen Stempels besteht kein nothwendiger Zusammenhang. Die Gerichte haben sonach den letzten oder, nach ihrer Wahl, einen der früheren Theilnehmer am Umlaufe des Wechsels zur Einlieferung der erforderlichen Bundes-Stempelmarken anzuhalten und dieselben, ebenso wie es in Betreff der in natura nachzubringenden Preußischen Stempelmaterialien zu vorgelegten Privaturkunden geschieht, zu kassiren.

Nach den vorstehenden Ausführungen haben die Steuerbehörden neben und unabhängig von dem einzuleitenden Prozesse wegen Wechselstempel-Hinterziehung für die Versteuerung des noch unversteuerten Wechsels nur dann Sorge zu tragen, wenn die Hinterziehung der Steuer nicht von einer Behörde oder einem Beamten zur Anzeige gebracht wird, welchen nicht schon selbst die gleiche Verpflichtung obliegt. Insofern es hierbei zur exekutivischen Einziehung des fehlenden Steuerbetrages kommen sollte, ist derselbe sofort zum Ankauf von Bundes-Stempelmarken wieder zu verausgaben und sind die letzteren event. auf der stempelpflichtigen Urkunde vor deren Wiederaushändigung zu befestigen und zu kassiren.

In dem als möglich bezeichneten, wenn auch unwahrscheinlichen Falle, daß armuthshalber der fehlende Steuerbetrag nicht g a n z sollte beigetrieben werden können, muß der wirklich beigetriebene Betrag in Marken verwendet werden. Sollte, wie Sie beispielsweise anführen, auf einen schuldigen Steuerbetrag von 4 Sgr. 6 Pf. nur 3 Sgr. 9 Pf. beizutreiben sein, so möchte der in Marken nicht darstellbare Betrag, der niemals 1 Sgr. erreichen kann, dem Steuerpflichtigen belassen oder herausgegeben werden, da besondere Anordnungen für dergleichen Fälle nicht erlassen sind und auch nicht als Bedürfniß angesehen werden können.

# Chronologisches Register.

# Sachregister.

Die Zahlen bezeichnen die Seiten.

W. = Wechsel; W.St. = Wechselstempel; W.St.St.G. = Wechselstempelsteuergesetz.

## A.

(Die Zahlen bezeichnen die Seiten.)



## B.



## C.



## D.

(Die Zahlen bezeichnen die Seiten.)



## E.



## F.



## G.



## H.

(Die Zahlen bezeichnen die Seiten.)

## J.



## K.



## M.



## N.

(Die Zahlen bezeichnen die Seiten.)

## O.



## P.



## Q.



## R.



## S.

## T.



## U.



## V.

(Die Zahlen bezeichnen die Seiten.)



## W.

## Z.



---

Druck von A. W. Hayn's Erben, Berlin und Potsdam.

# Verzeichniß
der
# Guttentag'schen Sammlung
## Deutscher Reichsgesetze
und
## Preußischer Gesetze.

**Text-Ausgaben mit Anmerkungen und Sachregister.**

Taschenformat.

Berlin.
J. Guttentag, Verlagsbuchhandlung,
G. m. b. H.

Guttentag'sche Sammlung

# Deutscher Reichsgesetze.

Text-Ausgaben mit Anmerkungen. Taschenformat.

---

1. **Verfassung** des Deutschen Reichs. Gegeben Berlin, den 16. April 1871. Von Dr. **L. von Rönne** Achte neubearbeitete Auflage von **Paul von Rönne**, Landrath. 1 M. 60 Pf.

2. **Strafgesetzbuch** für das Deutsche Reich. Nebst den gebräuchlichsten Reichs-Strafgesetzen: Presse, Personenstand, Nahrungsmittel, Entziehung elektrischer Arbeit, Kranken-, Unfall-, Invalidenversicherung, Gewerbeordnung, unlauterer Wettbewerb, Depot- und Börsengesetz u. s. w. Von Dr. **H. Rüdorff.** Zwanzigste Auflage von Dr. **H. Appelius**, Kammergerichtsrath. Gebunden in ganz Leinen 1 M. 20 Pf.

3. **Militärstrafgerichtsordnung** nebst Einführungsgesetz und Gesetz, betr. die Dienstvergehen der richterlichen Militärjustizbeamten und die unfreiwillige Versetzung derselben in eine andere Stelle oder in den Ruhestand. Von Dr. **P. Herz**, Geh. Admiralitätsrath. Zweite Auflage. Geb. in ganz Leinen 3 M

**Militär-Strafgesetzbuch** nebst Abdruck der entsprechenden Bestimmungen des Reichs-Strafgesetzbuchs. Text-Ausgabe mit Sachregister. Geb. in ganz Leinen 1 M.

4. **Handelsgesetzbuch vom 10. Mai 1897** unter Ausschluß des Seerechts. Mit den ergänzenden Vorschriften des Bürgerlichen Gesetzbuchs und Erläuterungen herausgegeben von **F. Litthauer**, Justizrath. Zwölfte Auflage. Geb. in ganz Leinen 2 M. 80 Pf.

5. **Allgemeine Deutsche Wechselordnung.** Achte Auflage von Justizrath Dr. **J. Stranz** und Rechtsanwalt Dr. **M. Stranz**, und das Reichsgesetz über die **Wechselstempelsteuer.** Siebente Auflage von Regierungsrath **P. Loeck.** Geb. in ganz Leinen 3 Mk.

6. **Gewerbeordnung** für das Deutsche Reich in der Fassung der Bekanntmachung vom 26. Juli 1900 nebst **Ausführungsbestimmungen.** Ursprünglich herausgegeben von Regierungsrath **T. Ph. Berger** und Geh. Ober-Regierungsrath Dr. **L. Wilhelmi.** Sechszehnte vermehrte Auflage bearbeitet von Oberverwaltungsgerichtsrath **H. Spangenberg.** Im Druck.

7. **Die deutsche Post- und Telegraphen-Gesetzgebung.** Nebst dem Weltpostvertrag und dem internationalen Telegraphenvertrag. Von Wirklichen Geheimen Rath Dr. **P. D. Fischer.** Fünfte Auflage bearbeitet von Geh. Postrath Dr. **M. König.** In Leinen gebunden 3 M.

8. Die Reichsgesetze über den **Unterstützungswohnsitz** in der Fassung der Novelle vom 12. März 1894, die **Freizügigkeit**, den **Erwerb** und **Verlust** der

**Bundes- und Staatsangehörigkeit,** nebst allen landesgesetzlichen Bestimmungen. Von Geheimrath Dr. **J. Krech,** Mitglied des Bundesamtes für das Heimathwesen. Fünfte Auflage. 2 M. 70 Pf.

9a. Sammlung **kleinerer privatrechtlicher Reichsgesetze.** Von **F. Vierhaus,** Geh. Ober-Justizrath. Zweite Auflage in Vorbereitung.

9b. Sammlung **kleinerer strafrechtlicher Reichsgesetze.** Von **M. Werner,** Geh. Ober-Regierungsrath. Zweite Auflage in Vorbereitung.

10. Das **Reichsbeamtengesetz vom** 31. März 1873 **und** seine Ergänzungen. Erläutert **von J. Pieper,** Geh. Ober-Regierungsrath. Zweite Auflage. Geb. in ganz Leinen. 4 M. 50 Pf.

11. **Civilprozeßordnung mit** Gerichtsverfassungs**gesetz,** Einführungsgesetzen und Ergänzungen. In der Fassung **des** Gesetzes **vom** 17. Mai 1898. Unter besonderer Berücksichtigung der Entscheidungen des Reichsgerichts herausgegeben mit Anmerkungen von **R. Sydow,** Unterstaatssekretair und **L. Busch,** Kammergerichtsrath Neunte Auflage. 8°. Geb. in ganz Leinen 5 M.

**Dieser Band ist in größerem Format erschienen!**

12. **Strafprozeßordnung und Gerichtsverfassungsgesetz** in der vom 1. Januar 1900 ab geltenden Fassung, nebst dem **Gesetz, betreffend die Entschädigung der im Wiederaufnahmeverfahren freigesprochenen Personen.** Von **A. Hellweg,** Reichsgerichtsrath. Elfte Auflage. Geb. in ganz Leinen 2 M.

13. **Konkursordnung und Anfechtungsgesetz.** Unter besonderer Berücksichtigung der Entscheidungen des Reichsgerichts herausgegeben mit Anmerkungen von **R. Sydow,** Unterstaatssekretär u. **L. Busch,** Kammergerichtsrath. Neunte Auflage. Geb. in ganz Leinen. 2 M. 25 Pf.

14. **Gerichtsverfassungsgesetz** mit Einführungsgesetz, Nebengesetzen und Ergänzungen. In der Fassung des Gesetzes vom 17. Mai 1898. Unter Berücksichtigung der Entscheidungen des Reichsgerichts herausgegeben von **R. Sydow,** Unterstaatssekretair und **L. Busch,** Kammergerichtsrath. Achte Auflage. 1 M. 20 Pf.

15. **Das deutsche Gerichtskostengesetz nebst den Gebührenordnungen für Gerichtsvollzieher, Zeugen und Sachverständige.** In der Fassung vom 20. Mai 1898. Unter besonderer Berücksichtigung der Entscheidungen des Reichsgerichtes herausgegeben mit Anmerkungen

und Kostentabellen von **R. Sydow**, Unterstaatssekretair und **L. Busch**, Kammergerichtsrath. Sechste vermehrte Auflage. Geb. in ganz Leinen 1 M. 50 Pf.

16. **Rechtsanwaltsordnung.** Von **R. Sydow**, Unterstaatssekretair. Vierte Auflage von Dr. **E. Mosler**, Gerichtsassessor. Geb. in ganz Leinen 1 M. 20 Pf.

17. Die **Deutsche Gebührenordnung für Rechtsanwälte und das Preußische Gebührengesetz** vom 27. September 6. Oktober 1899. Von **R. Sydow**, Unterstaatssekretair und **L. Busch**, Kammergerichtsrath. Sechste Auflage. Geb. in ganz Leinen 1 M. 50 Pf.

18. **Reichsstempelgesetz (Börsensteuergesetz)** v. 14. Juni 1900, mit den Ausführungsbestimmungen, einem Auszug aus den Gesetzes-Materialien und den Entscheidungen der Verwaltungsbehörden und des Reichsgerichts. Achte Auflage von **P. Loeck**, Regierungsrath. Geb. in ganz Leinen 3 M. 30 Pf.

19. Die **Seegesetzgebung** des Deutschen Reiches. Nebst den Entscheidungen des Reichsoberhandelsgerichts, des Reichsgerichts und der Seeämter. Von Dr. **W. E. Knitschky**, Landgerichtsrath. Zweite Auflage. 3 M. 80 Pf.

20. **Krankenversicherungsgesetz** in der Fassung der Novelle vom 10. April 1892. Von Dr. **E. von Woedtke,** Präsident des Kaiserl. Aufsichtsamts für Privatversicherung. Neunte Auflage. Geb. in ganz Leinen. 2 M. 25 Pf.

21. Die **Konsulargesetzgebung** des Deutschen Reiches. Von Geh. Justizrath Professor Dr. **Ph. Zorn.** Zweite Auflage. Geb. in ganz Leinen 3 M.

22a. **Patentgesetz. Gesetz, betreffend den Schutz von Gebrauchsmustern. Gesetz, betreffend das Urheberrecht an Mustern und Modellen.** Nebst Ausführungsbestimmungen unter eingehender Berücksichtigung der Rechtsprechung des Reichsgerichts und der Praxis des Patentamts. Erläutert von Dr. **R. Stephan,** Geheimer Regierungsrath, Mitglied des Kaiserlichen Patentamts Fünfte vermehrte Auflage. Geb. in ganz Leinen 2 M.

22b. Gesetz zum **Schutz der Waarenbezeichnungen.** Nebst Ausführungsbestimmungen. Von Dr. **R. Stephan,** Geheimer Regierungsrath, Mitglied des Kaiserlichen Patentamts. Vierte vermehrte Auflage. 1 M.

23. **Gewerbe-Unfallversicherungsgesetz** und Gesetz, betr. die Abänderung der Unfallversicherungsgesetze vom 30. Juni 1900 in der Fassung der Bekanntmachung vom 5. Juli 1900 nebst Ausführungsverordnungen. Von Dr. **E. v. Woedtke,** Direktor im Reichsamt des Innern. Siebente umgearbeitete Auflage. Geb. in ganz Leinen 2 M. 50 Pf.

24. **Aktiengesellschaft und Kommanditgesellschaften auf Aktien.** (Handelsgesetzbuch, II. Buch, Abschnitt 3 und 4.) Mit erläuternden Anmerkungen von **H. Keyssner,** Kammergerichtsrath und Dr. **H. Veit Simon,** Rechtsanwalt. Fünfte Auflage. Bearbeitet von Dr. **Hugo Keyssner** u. **L. Keyssner.** Geb. in ganz Leinen 2 M. 25 Pf.

25. **Reichsgesetz** wegen **Erhebung der Brausteuer** vom 31. Mai 1872 mit Ausführungsvorschriften. Von **E. Bertho,** Regierungsrath. 1885. 1 M. 60 Pf

26. Die Reichsgesetzgebung über **Münz- und Notenbankwesen,** Papiergeld, Prämienpapiere und Reichsschulden. Von Dr. jur. **R. Koch,** Präsident des Reichsbankdirektoriums. Vierte Auflage. Geb. in ganz Leinen 3 M.

27. Die Gesetzgebung, betr. das **Gesundheitswesen** im Deutschen Reich für Behörden, Aerzte 2c. Von Dr. jur. **C. Goesch** und Dr. med. **J. Karsten.** 1888. 1 M. 60 Pf.

28. **Bau-Unfallversicherungsgesetz.** Vom 30. Juni 1900, in der Fassung der Bekanntmachung vom 5. Juli 1900. Von **R. Chrzescinski,** Kaiserl. Regierungsrath a. D., ehemaligem ständigen Mitglied des Reichs-Versicherungsamts. Dritte Auflage. Geb. in ganz Leinen 2 M.

29. **Reichsgesetz, betr. die Erwerbs- und Wirthschaftsgenossenschaften.** Von **L. Parisius** und Dr. **H. Crüger.** Neunte Auflage bearbeitet von Dr. **H. Crüger.** Geb. in ganz Leinen 1 M. 50 Pf.

30. **Invalidenversicherungsgesetz** vom 13. Juli 1899, in der Fassung der Bekanntmachung vom 19. Juli 1899. Von Dr **E. v. Woedtke,** Direktor im Reichsamt des Innern. Achte erweiterte Auflage. Geb. in ganz Leinen 2 M. 50 Pf.

31. **Gewerbegerichtsgesetz** in der Fassung der Bekanntmachung vom 29. September 1901. Von Stadtrath **L. Mugdan.** Fünfte Auflage bearbeitet von **W. Cuno**, Erstem Bürgermeister zu Hagen i. W. Geb. in ganz Leinen 2 M.

32. Reichsgesetz, betr die **Gesellschaften mit beschränkter Haftung.** In der vom 1. Januar 1900 ab geltenden Fassung. Von **L. Parisius** und Dr. **H. Crüger.** Sechste Auflage. Geb in ganz Leinen 1 M. 25 Pf.

33. Das **Vereins- und Versammlungsrecht** in Deutschland. Von Dr. **E. Ball,** Rechtsanwalt 2 M. 25 Pf

34. Reichsgesetz, betreffend die **Abzahlungsgeschäfte.** Vom 16 Mai 1894. Von **J. Hoffmann,** Oberverwaltungsgerichtsrath. Zweite vermehrte und verbesserte Auflage besorgt von Dr. **E. Wilke,** Landgerichtsrath. Geb. in Leinen 1 M. 20 Pf.

35. **Die Reichs-Eisenbahngesetzgebung.** Von **W. Coermann,** Kaiserl. Amtsrichter. 1895. 2 M. 25 Pf.

36. Gesetze, betr. die **privatrechtlichen Verhältnisse der Binnenschiffahrt und der Flößerei.** Nach den Materialien erläutert von **H. Makower.** Unter Berücksichtigung der am 1. Januar 1900 in Kraft tretenden Reichsgesetze bearbeitet von **E. Löwe,** Landgerichtsrath. Zweite veränderte Auflage. 2 M.

37. Gesetz zur **Bekämpfung des unlauteren Wettbewerbes.** Vom 27. Mai 1896. Von Dr. **R. Stephan,** Geh. Regierungsrath Zweite Auflage. 80 Pf.

38/39. **Bürgerliches Gesetzbuch nebst Einführungsgesetz** In Verbindung mit Professor Dr. **André,** Geh. Justizrath **Greiff,** Amtsrichter **Ritgen,** Regierungsrath Dr. **Unzner** herausgegeben von Reichsgerichtsrath Dr. **A. Achilles †.** Dritte vermehrte und verbesserte Auflage 8°. Geb in ganz Leinen 6 M

**Dieser Band ist in größerem Format erschienen!**

40. Gesetz, betr. die **Pflichten der Kaufleute bei Aufbewahrung fremder Werthpapiere (Depotgesetz)** Vom 5. Juli 1896. Mit Erläuterungen, Einleitung und Sachregister. Von **F. Lusensky,** Geh. Regierungsrath 90 Pf

41. **Börsengesetz.** Vom 22. Juni 1896. Nebst den dazu erlassenen Ausführungsbestimmungen Unter Mitwirkung des Direktors im Reichsamt des Innern **A. Wermuth** bearbeitet von Regierungs-rath **H. Brendel.** Zweite Auflage in Vorbereitung.

42. **Grundbuchordnung** für das Deutsche Reich nebst den preußischen Ausführungsbestimmungen. Mit Einleitung von Professor Dr. **O. Fischer.** Zweite Auflage. Geb. in ganz Leinen 1 M. 80 Pf.

43. Die Gesetzgebung, betr. die **Zwangsvollstreckung in das unbewegliche Vermögen** im Reiche und in Preußen. Text-Ausgabe mit Einleitung, Anmerkungen, Kosten- und Gebührentabellen und Sachregister. Von Dr. **J. Krech,** Kaiserl. Geh. Regierungsrath und Professor Dr. **O. Fischer.** Dritte Auflage. Geb. in ganz Leinen 2 M.

44. Das Reichsgesetz über das **Auswanderungswesen** vom 9. Juni 1897 nebst Ausführungsverordnungen und Anlagen. Nach den Materialien und unter Benutzung amtlicher Quellen erläutert von Professor Dr. **Felix Stoerk.** 2 M. 25 Pf.

45. **Das Entmündigungsrecht** unter Berücksichtigung der für Preußen geltenden Vorschriften nebst der preußischen Justiz-Ministerial-Verfügung vom 28. November 1899. Text der civil- und prozeßrechtlichen Bestimmungen mit Erläuterungen von Landgerichts-rath Dr. **P. Koll** in Cöln. Geb. in ganz Leinen 1 M. 50 Pf.

46. Die Gesetze des Reiches und Preußens über die **freiwillige Gerichtsbarkeit.** Mit Einleitung von **Herm. Jastrow,** Amtsgerichtsrath. Dritte verbesserte Auflage. Geb. in ganz Leinen 3 M.

47. Das **deutsche Vormundschaftsrecht** und das preuß. Gesetz über die Fürsorgeerziehung Minderjähriger vom 2. Juli 1900 nebst den dazu gehörigen preußischen Nebengesetzen und allgemeinen Verfügungen. Mit Einleitung und Erläuterungen von **Max Schultzenstein,** Oberverwaltungsgerichtsrath und Amtsgerichtsrath Dr. **Paul Köhne.** Zweite Auflage. Geb. in ganz Leinen 3 M.

48. Gesetze und Verordnungen, betreffend den **Drogen-, Gift- und Farbenhandel** außerhalb der Apotheken, unter besonderer Berücksichtigung des Königreichs Preußen. Von Dr. **Broh,** Rechtsanwalt. 1 M. 25 Pf.

49. Deutsche **Kolonialgesetzgebung.** Von Prof. Dr. **Philipp Zorn.** Geb. in ganz Leinen 4 M. 50 Pf.

50. Der **Viehkauf** (Viehgewährschaft) nach dem Bürgerlichen Gesetzbuche. Mit Erläuterungen von Dr. **Hans Stölzle,** Rechtsanwalt in Kempten. Nebst Verordnung, betr. die Hauptmängel und Gewährsfristen beim Viehhandel. Erläutert von **Heinrich Weiskopf,** Königl. Kreisthierarzt in Augsburg. Zweite Auflage. Geb. in ganz Leinen 2 M.

51. **Hypothekenbankgesetz** vom 13. Juli 1899. **Von** Dr. **H. Göppert,** Gerichts-Assessor. Geb. in ganz Leinen 1 M. 80 Pf.

52. Gesetz, betreffend die gemeinsamen **Rechte der Besitzer von Schuldverschreibungen.** Vom 4. Dezember 1899. Von Dr. **Heinrich Göppert,** Gerichts-Assessor. Geb. in ganz Leinen 2 M.

53. **Reichspreßgesetz** vom 7. Mai 1874 nebst den einschlägigen Bestimmungen des Strafgesetzbuchs, der Gewerbeordnung ꝛc. Kommentar von **A. Born,** Polizeiassessor. Geb. in ganz Leinen 1 M. 50 Pf.

54. Die Reichsgesetzgebung über den Verkehr mit **Nahrungsmitteln, Genußmitteln** und **Gebrauchsgegenständen.** Von Dr. **Georg Lebbin,** Nahrungsmittelchemiker. Geb. in ganz Leinen 2 M. 25 Pf.

55. Das Recht der **Beschlagnahme von Lohn- und Gehaltsforderungen.** Auf Grundlage der Reichsgesetze vom 21. Juni 1869 u. 29. März 1897 und der Civilprozeßordnung. Von Rechtsanwalt **Georg Meyer.** Geb. in ganz Leinen 1 M. 50 Pf.

56. Gesetz, betr. die **Bekämpfung gemeingefährlicher Krankheiten.** Vom 30. Juni 1900. Nebst Ausführungsbestimmungen. Von Dr. **Bruno Burkhardt,** Regierungsrath, Mitglied des Kais. Gesundheitsamts. Geb. in ganz Leinen 1 M. 40 Pf.

57. **See-Unfallversicherungsgesetz** vom 30. Juni 1900. Von **Dr. Max Mittelstein**, Oberlandesgerichtsrath in Hamburg. Geb. in ganz Leinen 2 M.

58. **Das Recht der unehelichen Kinder.** Text-Ausgabe aller einschlägigen Bestimmungen des Bürgerlichen Gesetzbuches von **Hermann Jastrow**, Amtsgerichtsrath zu Berlin. Geb. in ganz Leinen 1 M. 80 Pf.

59. Reichsgesetz ü. d. **Beurkundung des Personenstandes und die Eheschließung.** Von Dr. **F. Fidler**, Amtsgerichtsrath. Geb. in ganz Leinen 1 M. 80 Pf.

60. Gesetz, betreffend das **Urheberrecht an Werken der Literatur und der Tonkunst.** Vom 19. Juni 1901. Von **Otto Lindemann**, Gerichtsassessor. Geb. in ganz Leinen 1 M. 50 Pf.

61. Gesetz über das **Verlagsrecht.** Vom 19. Juni 1901. Von Justizrath **Ernst Heinitz**, Rechtsanwalt. Geb. in ganz Leinen 1 M. 50 Pf.

62. Gesetz über die **privaten Versicherungsunternehmungen.** Vom 12. Mai 1901. Von **H. Könige**, Oberlandesgerichtsrath. Geb. in ganz Leinen 3 M.

63. **Gesetzestafel des Deutschen Reichsrechts.** Systematisch geordnete Nachweisung des zur z. Zt. geltenden Reichsrechts: Ergänzungsband zu der Guttentag'schen Sammlung Deutscher Reichsgesetze. Von **Hugo Bruhns**, Syndikus. Geb. in ganz Leinen 2 M. 50 Pf.

64. Gesetzsammlung betreffend den **Handel mit Drogen und Giften.** Reichsgesetzliche Bestimmungen und Anhang mit den landesgesetzlichen Verordnungen sämmtlicher Bundesstaaten. Von **Hugo Sonnenfeld**, Rechtsanwalt, Syndikus der Berliner Drogisten-Innung. Geb. in ganz Leinen 3 M.

## Guttentag'sche Sammlung

# Preußischer Gesetze.

Text-Ausgaben mit Anmerkungen. Taschenformat.

---

1. Die **Verfassungs-Urkunde** für den Preußischen Staat. Mit Einleitung, vollständigem Kommentar und Anlagen von Prof. Dr. **Adolf Arndt.** Vierte verbesserte Auflage. Geb. in ganz Leinen 2 M. 50 Pf.

2. Preußische **Beamten-Gesetzgebung.** Enthaltend die wichtigsten Beamtengesetze in Preußen. Von **C. Pfafferoth.** Dritte Auflage. 1 M. 50 Pf.

3. **Die Zwangsvollstreckung in das unbewegliche Vermögen.** Von Dr. **J. Krech** und Prof. Dr. **O. Fischer.** Dritte Auflage. Vergriffen.
Siehe: Reichsgesetze Nr. 43.

4. **Gebührenordnung** für **Notare** vom 25. Juni 1895 in der Fassung der Bekanntmachung vom 6. Oktober 1899 nebst den einschlägigen Vorschriften des Preußischen Gerichtskostengesetzes. Von **R. Sydow.** Zweite Auflage bearbeitet von Dr. **E. Mosler,** Gerichtsassessor. Geb. in ganz Leinen. 1 M. 50 Pf.

5. **Gesetz vom 24. April 1854 (betr. die außereheliche Schwängerung).** Von Dr. **Schulze.** 75 Pf.
Seit dem 1. Januar 1900 gültiges Recht siehe: Reichsgesetze Nr. 58.

6. Die Preuß. **Ausführungsgesetze und Verordnungen zu den Reichs-Justizgesetzen.** Von **R. Sydow.** Dritte vermehrte Auflage. 1895. 2 M. 40 Pf.

Siehe Seite 21/22, Busch, Ausführungsgesetze.

7. **Allg. Gerichtsordnung** vom 6. Juli 1793 und Preuß. **Konkursordnung** vom 8. Mai 1885. Von **F. Vierhaus,** Geh. Ober-Justizrath. Vergriffen.

8. **Vormundschaftsordnung.** Von **F. Schultzenstein.** Dritte Auflage.

Seit dem 1. Januar 1900 gültiges Recht siehe: Reichsgesetze Nr. 47.

9. Die Preußische **Grundbuchgesetzgebung.** Von Prof. Dr. **Fischer.** Dritte Auflage. Vergriffen.

Siehe: Reichsgesetze Nr. 42.

10. **Einkommensteuergesetz.** Vom 24. Juni 1891. Von **A. Fernow,** Geh. Finanzrath. Fünfte vermehrte Auflage. Geb. in ganz Leinen 2 M. 50 Pf.

11. **Gewerbesteuergesetz.** Vom 24. Juni 1891. Von **A. Fernow,** Geheimer Finanzrath. Dritte vermehrte Auflage. 1 M. 25 Pf.

12. **Allgemeines Berggesetz** für die preußischen Staaten. Vom 24. Juni 1865, und die auf dasselbe bezüglichen Gesetze und Verordnungen. Von **E. Engels,** Ober-Bergrath. Dritte Auflage. In Vorbereitung.

13. **Ergänzungssteuergesetz** (Vermögenssteuergesetz). Vom 14. Juli 1893. Von **A. Fernow**, Geh. Finanzrath. Dritte vermehrte Auflage Geb. in Leinen 1 M. 50 Pf.

14. **Kommunalabgabengesetz.** Vom 14. Juli 1893 und Gesetz wegen Aufhebung direkter Staatssteuern. Vom 14. Juli 1893. Von Dr. **F. Adickes**, Oberbürgermeister. Dritte Auflage. Geb. in ganz Leinen 1 M. 50 Pf

15. Die **Kreisordnungen** für den Preußischen Staat. Von **O. Kolisch**, Landgerichtsrath. 1894. 4 M.

16. **Concessionirung gewerblicher Anlagen.** Preuß. Ausführungs-Anweisung zu §§. 16 u. ff. der Reichs-Gewerbe-Ordnung. Von Dr. **W. von Rüdiger**, Geh. Regierungs- u. Gewerberath. Zweite Auflage. Geb. in ganz Leinen 2 M.

17. Preußisches **Gerichtskostengesetz.** In der Fassung der Bekanntmachung vom 6. Oktober 1899. Mit Kostentabellen. Von Dr **P. Siméon**, Landrichter. Dritte Auflage. Geb in ganz Leinen 1 M. 80 Pf.

18. Preußisches **Stempelsteuergesetz** vom 31. Juli 1895. Mit den gesammten Ausführungsbestimmungen und vollständigen Tabellen. Von **P. Loeck**, Regierungsrath. Fünfte Auflage. Geb. in ganz Leinen 5 M.
**Dieser Band ist in größerem Format erschienen.**

19. **Das Jagdscheingesetz** vom 31. Juli 1895. Mit ausführlichen Erläuterungen nebst der Ausführungsverfügung. Von **F. Kunze,** Wirklichem Geh. Ober-Regierungsrath. Zweite Auflage. Geb. in ganz Leinen 2 M.

20. Gesetz, betr. die **Erbschaftssteuer.** Vom 19./24. Mai 1891 unter Berücksichtigung der Novelle vom 31. Juli 1895. Mit ausführlichen Erläuterungen von **P. Loeck,** Regierungsassessor. 1 M. 80 Pf.

21. Gesetz über die **Handelskammern.** Vom 19. August 1897. Mit Erläuterungen, geschichtlicher Einleitung sowie einer Uebersicht des Bestandes der kaufmännischen Vertretungen. Von **F. Lusensky,** Geh. Regierungsrath. 3 M.

22. Gesetz, betr. **Anstellung und Versorgung der Kommunalbeamten.** Vom 30. Juli 1899. Mit einem Anhang, enthaltend die preußische Ausführungsanweisung. Von Dr. **W. Ledermann,** Magistratsassessor zu Berlin. 1 M. 25 Pf.

23. **Ausführungsgesetz zum Bürgerlichen Gesetzbuche** vom 20. September 1899. Von Landrichter Dr. **P. Siméon.** Geb. in ganz Leinen 1 M. 60 Pf.

24. Die **Hinterlegungsordnung** vom 14. März 1879 in der Fassung des Ausführungsgesetzes z. B.G.B. v. 20. Sept. 1899 nebst Ausführungsbestimmungen. Von Regierungsassessor Dr. **Georg Bartels.** Geb. in ganz Leinen 1 M. 50 Pf.

25. **Preußische Kommunalbeamtengesetzgebung.** Von Dr. **Franz Kremski,** Magistratsassessor in Berlin. Geb. in ganz Leinen 3 M.

26. Die **Preußischen Gesetze** über das **Diensteinkommen der Lehrer und Lehrerinnen, ihren Ruhegehalt und die Fürsorge für ihre Hinterbliebenen,** sowie einer Tabelle zur Berechnung der Ruhegehalts-, Wittwen- und Waisenbezüge. Von Dr. **Ed. Cremer,** Beigeordneter. Geb. in ganz Leinen 2 M. 40 Pf.

27. Gesetz, betreffend die **Waarenhaussteuer.** Vom 18. Juli 1900. Von Geh. Ober-Finanzrath Dr. **G. Strutz.** Geb. in ganz Leinen 1 M. 20 Pf.

28. Gesetz über die **Fürsorgeerziehung Minderjähriger.** Vom 2. Juli 1900. Nebst Ausführungsanweisungen. Von Landgerichtsrath Dr. **P. F. Aschrott.** Geb. in ganz Leinen 2 M. 80 Pf.

29. Gesetz, betr. **die ärztlichen Ehrengerichte, das Umlagerecht und die Kassen der Aerztekammern.** Vom 25. November 1899. Von Amtsgerichtsrath Dr. **Fidler.** Geb. in ganz Leinen 1 M. 50 Pf.

30. Die das **Preußische Staatsschuldbuch** und das **Reichsschuldbuch** betreffenden Gesetze nebst den dazu gehörigen Ausführungsbestimmungen. Von Wirklichen Geheimen Ober-Finanzrath **J. Mücke,** Mitglied der Hauptverwaltung der Staatsschulden. Geb. in ganz Leinen 2 M.

**Guttentag'sche Sammlung von Text-Ausgaben mit Sachregister ohne Anmerkungen.**

---

**Gewerbeordnung** für das Deutsche Reich. In der Fassung der Bekanntmachung vom 26. Juli 1900. (Reichs-Gesetzblatt Nr. 47, ausgegeben am 15. Oktober 1900.) Zweite Auflage. 1 M. 20 Pf.

**Militär-Strafgesetzbuch** für das Deutsche Reich mit Verweisungen und Abdruck der entsprechenden Bestimmungen des Reichs-Strafgesetzbuchs. 1 M.

**Militärstrafgerichtsordnung** für das Deutsche Reich, nebst **Einführungsgesetz** und Gesetz, betr. die Dienstvergehen der richterlichen Militärjustizbeamten und die unfreiwillige Versetzung derselben in eine andere Stelle oder in den Ruhestand. Vom 1. Dezember 1898. **Militär-Strafgesetzbuch** mit Verweisungen und Abdruck der entsprechenden Bestimmungen des Reichs-Strafgesetzbuchs. Zweite Auflage. 1 M. 50 Pf.

**Die Preußischen Ausführungsgesetze zum Bürgerlichen Gesetzbuche,** zum Gesetz, betr. Aenderung der Civilprozeßordnung vom 17. Mai 1898, zum Gesetz über die Zwangsversteigerung und die Zwangsverwaltung, zur Grundbuchordnung und zum Handelsgesetzbuch. Preuß. Gesetz über die freiwillige Gerichtsbarkeit und Gesetz, enthaltend die landesgesetzlichen Vorschriften über die Gebühren der Rechtsanwälte und der Gerichtsvollzieher. Fünfte Auflage. 1 M. 80 Pf.

**Reichsstempelgesetz** (Börsensteuergesetz) in der Fassung der Bekanntmachung vom 14. Juni 1900. Mit Ausführungsbestimmungen, einem Anhang, enthaltend Tabellen zur Berechnung der Reichsstempelabgaben und Sachregister. 1 M. 50 Pf.

**Adickes, F.,** Oberbürgermeister in Frankfurt a. M. Das Kommunalabgabengesetz vom 14. Juli 1893. Kommentar. 8°. Kartonnirt 6 M.

**Arndt, Dr. Adolf,** Geheimer und Oberbergrath, Professor. Verfassung des Deutschen Reichs. Mit Einleitung und Kommentar. Zweite völlig neu bearbeitete Auflage. 8°. Preis ca. 3 M.

**Beyendorff, Dr. R.,** Dozent der Staatswissenschaften am Höheren Technischen Institut zu Cöthen. Das System der Reichs-Gewerbeordnung. Für den akademischen und praktischen Gebrauch dargestellt. 8°. Preis 4 M., geb. 4 M. 60 Pf.

**Born, A.,** Polizei-Assessor in Königsberg i. Pr. Das preußische Baupolizeirecht nebst den einschlägigen Bestimmungen des Ansiedelungs-, Feld- und Forstpolizei-, Waldschutz- und Deichgesetzes, sowie dem Fluchtlinien-, Rayongesetz und dem Gesetz über die Zulässigkeit des Rechtsweges gegen polizeiliche Verfügungen. Mit Kommentar. Unter eingehender Berücksichtigung der Entscheidungen des Reichsgerichts, Oberverwaltungs- und Kammergerichts. gr. 8°. Preis 10 M., geb. 11 M.

Das Gesetz betreffend die Anlegung und Veränderung von Straßen und Plätzen in Städten und ländlichen Ortschaften vom 2. Juli 1875. Des Kommentars von weil. Oberverwaltungsgerichtsrath **R. Friedrichs** fünfte völlig neubearbeitete Auflage bearbeitet von Dr. jur. **Hugo v. Strauß und Torney,** Senatspräsident am Oberverwaltungsgericht. 8°. Geb. Im Druck.

**Hauß, C.,** Geh. Ober-Reg.-Rath. Das Gesetz zur Bekämpfung des unlauteren Wettbewerbes. Vom 27. Mai 1896. Für die gerichtliche und gewerbliche Praxis erläutert. 8°. Geb. in Leinen 3 M.

**Holtgreven, Dr. A.,** Präsident des Oberlandesgerichts in Hamm und Dr. **Th. Wolff,** Oberlandesgerichtsrath. Das Wildschadengesetz vom 11. Juli 1891. Kommentar Vierte Auflage. 8°. Im Druck.

**Jerusalem, Herm.,** Landgerichtsrath, Mitglied des Hauses der Abgeordneten. Das Gesetz über Kleinbahnen und Privatanschlußbahnen vom 28. Juli 1892 nebst der Ausführungsanweisung zu diesem Gesetze vom 22. August 1892. gr. 8°. 2 M.

**Kamptz, B. v.,** Verwaltungsgerichtsdirektor. Das Gesetz, betreffend die Vertheilung der öffentlichen Lasten bei Grundstückstheilungen und die Gründung neuer Ansiedelungen in den Provinzen Preußen, Brandenburg, Pommern, Posen, Schlesien, Sachsen und Westfalen vom 25. August 1876. 8°. Kartonnirt 2 M. 50 Pf.

**Könige, H.,** Oberlandesgerichtsrath. Handelsgesetzbuch vom 10. Mai 1897 nebst Abdruck des Gesetzes über die Angelegenheiten der freiwilligen Gerichtsbarkeit und Gerichtsverfassungsgesetz (Titel 7, Kammern für Handelssachen). 8°. Geb. in ganz Leinen 4 M. 50 Pf.

**Laß, Dr. L.,** Kaiserl. Regierungsrath, Strafrecht der Berufsgenossenschaften nach den Unfallversicherungsgesetzen vom 30. Juni 1900. Unter Benutzung amtlichen Materials zum praktischen Gebrauche dargestellt. Geb. in Leinen 3 M.

**Laurisch, G.,** Königl. Gewerbeinspektor, Gewerberecht und Arbeiterschutz. Führer für Arbeitgeber und Arbeiter durch die Gewerbe- und Arbeiterschutz-Gesetze. Kartonnirt 1 M. 80 Pf.

**Ledermann, Dr. iur. Walter,** Die Städte-Ordnung für die sechs östlichen Provinzen der preußischen Monarchie vom 30 Mai 1853 nebst ihren Ergänzungen. Lieferung 1 u. 2. 8°. Preis 4 M.

**Nußbaum, Dr. A.,** Die freiwillige Gerichtsbarkeit im Reiche und in Preußen. Ein Leitfaden. 8°. Geb. in ganz Leinen 4 M.

**Ottermann, Carl,** Stadtrath in Dortmund. Das Fluchtliniengesetz vom 2. Juli 1875. Erläuternde Abhandlung. 8°. 1 M. 25 Pf.

**Stephan, Dr. B.,** Geh. Regierungsrath u. Mitglied des Kais. Patentamts. Gesetz, betreffend die Patentanwälte. Vom 21 Mai 1900. Nebst Ausführungsverordnungen. 8°. Geb. in ganz Leinen 1 M. 50 Pf.

**Telegraphenwege-Gesetz** vom 18. Dezember 1899 nebst den vom Reichskanzler erlassenen Ausführungsbestimmungen vom 26. Januar 1900 und den Erläuterungen und Ausführungsanweisungen des Reichs-Postamts. Amtliche Ausgabe. 8°. Geb. in ganz Leinen 1 M.

**Wilhelmi, Dr. L.,** Das Handwerkergesetz vom 26. Juli 1897. Mit Einleitung und Bemerkungen unter besonderer Berücksichtigung der Ausführungs-Anweisungen der größeren Bundesstaaten. Geb. in ganz Leinen 6 M.

**Wittenberg, Dr. M.,** Dozent an der Humboldt-Akademie. Wegweiser durch das Aktienrecht, nach dem Wortlaut der seit dem 1. Januar 1900 gültigen Reichsgesetze. Taschenformat. Geb. in ganz Leinen 1 M.

# Schlagwort-Register.

R. = Nummer der Sammlung Deutscher **Reichs**gesetze.
P. = Nummer der Sammlung **Preußischer** Gesetze.
S. = Seite.

Schlagwort-Register. (R. = Reichsgesetz, P. = preuß. Gesetz.)

FSC
www.fsc.org
MIX
Papier | Fördert
gute Waldnutzung
FSC® C083411

Kolibri 360 GmbH
Ferdinand-Jühlke-Straße 7
99095 Erfurt, Deutschland
produktsicherheit@kolibri360.de